KB214562

박시백의 일제강점사 35년

4

박 시 백 의   일 제 강 점 사

4

1926——1930

공 산 주 의   열 풍

작가의 말

　임진왜란이 발발하고 일본군이 파죽지세로 북상해오자 선조는 도성을 버리고 피난길에 올랐다. 평양을 거쳐 의주에 다다른 선조는 압록강을 건너 요동으로 망명하고 싶어 안달하는 모습을 보였다. 그런데 이순신 장군과 의병들의 분전, 그리고 명나라의 원군 파병으로 전세가 뒤바뀌더니 결국 일본군이 물러났다. 제 한 몸 살기에 급급한 모습을 보였던 선조는 왕으로서의 권위와 체면을 되살리기 위해 꼼수를 냈다. 일본군을 패퇴시킨 것은 오로지 명나라 군대의 힘이요, 조선의 군대가 한 일은 거의 없다고 임진왜란의 성격을 규정한 것이다. 그 결과 일본군에 맞서 싸운 장수들보다 명나라에 가서 구원병을 요청한 신하들의 공이 더 높아지게 되었다. 선조를 호종해 의주까지 피난했던 신하들이다. 자신을 호종한 신하들의 공이 높아지니 그 중심인 선조 역시 더 이상 부끄러워하지 않게 됐다.

　어려서 비슷한 이야기를 들은 적이 있다. 8·15 해방은 오로지 미군의 덕이요, 원자폭탄 덕이지 우리가 한 일은 아무것도 없었다는…. 선조처럼 공식화하지는 않았지만 선조와 비슷한 처지에 놓이게 된 누군가가 그런 이야기를 만들고 널리 퍼뜨린 것이라고 짐작해볼 수 있다.

　결론부터 말한다면 일제 강점 35년의 역사는 부단한, 그리고 치열한 항일투쟁의 역사다. 비록 독립을 가져온 결정적 동인이 일본군에 대한 연합군의 승리임을 부정할 순 없지만 그렇다고 우리가 한 일은 아무것도 없다는 식의 설명은 무지 혹은 의도적 왜곡이다. 자학이다. 우리 선조들은 한 세대가 훌쩍 넘는 35년이란 긴 세월 동안 줄기차게 싸웠다. 나라를 되찾기 위해 기꺼이 국경을 넘었고 필요한 곳이라면 어디든 갔다. 삼원보, 룽징, 블라디보스토크, 이르쿠츠크, 모스크바, 베이징, 상하이, 샌프란시스코, 호놀룰루, 워싱턴, 파리…. 총을 들었고, 폭탄을 던졌으며, 대중을 조직하고 각성시켰다. 그 어떤 고난도, 죽음까지도 기꺼이 감수했다. 그들이 있어서 일제 식민지 35년은 단지 치욕의 역사가 아니라 자랑스러움을 간직한 역사가 되었다.

시대의 요구 앞에 고개를 돌리지 않고 응답했던 사람들, 그들의 정신, 그들의 투쟁을 우리는 기억해야 한다. 그것이 모든 것을 내던지고 나라를 위해 싸웠던 선열들에 대한 최소한의 도리이리라. 마찬가지로 우리는 나라를 팔고 민족을 배반한 이들도 기억해야 한다. 일제에 협력한 대가로 그들은 일신의 부귀와 영화를 누렸고 집안을 일으켰다. 나아가 해방 후에도 단죄되지 않고 살아남아 우리 사회의 주류를 형성했다. 그뿐인가, 민족교육인이니 민족언론인이니 현대문학의 거장이니 하는 명예까지 차지했다. 이건 좀 아니지 않나? 독립운동가는 독립운동가로, 친일부역자는 친일부역자로 제 위치에 자리 잡게 해야 한다.

이 책은 일제 경찰의 취조 자료나 재판 기록, 당시의 신문 같은 1차 사료를 연구하여 나온 결과물이 아니라 기존의 연구 성과들을 요약, 배치, 정리하여 만화라는 양식으로 표현한 대중서다. 주로 단행본으로 출간된 책들을 참고로 했고,

《친일인명사전》(친일인명사전편찬위원회)과 독립기념관 한국독립운동정보시스템 자료인 《한국독립운동의 역사》(한국독립운동사편찬위원회) 60권을 기본 텍스트로 삼았다. 그 밖에도 한국민족문화대백과, 우리역사넷을 비롯해 인터넷 자료의 도움을 많이 받았다. 공부도 부족했지만 공부하는 방법도 미숙해 담아내야 할 내용을 제대로 담아냈는지 걱정이 앞선다. 이후 독자 여러분과 전문가들의 지적을 받아가며 오류를 수정하고 부족한 부분을 채워나갈 생각이다.

한상준 대표와 편집자, 디자이너 등 비아북 출판사 관계자 외에도 일선에서 역사 교사로 재직 중이신 차경호, 남동현, 정윤택, 박래훈, 김종민, 박건형, 문인식, 오진욱, 김정현 선생님 등 아홉 분의 선생님들이 본문 교정과 인물 및 연표 정리 등으로 큰 도움을 주셔서 이 책이 나올 수 있었다.

가급적 더 많은 독립운동가들과 친일부역자들을 알려야 한다는 사명감이 책의 내용을 딱딱하게 만든 듯도 싶다. 독자들의 양해를 바라며 부디 이 책이 일제강점 35년사와 그 시대를 살았던 사람들을 바로 알리는 데 작은 보탬이 되었으면 한다.

2017년 12월

  《35년》1권을 출간한 지 7년 만에 개정판을 출간한다.《한국독립운동의 역사》,
《친일인명사전》등의 참고문헌과 '독립운동인명사전', '한국역대인물 종합정보시
스템' 등 국가기관에서 제공하는 데이터를 기반으로 최대한 오류를 잡기 위해 노
력하였고, 현직 역사 교사 9명이 편집위원으로 참여해 교정 작업을 진행했지만
가벼운 오탈자부터 인명, 생몰 연대 등에서 몇 가지 오류가 있었다. 그림 고증의
오류 또한 더러 있어 개정판에서 바로잡았다. 아울러 오랫동안 보관하고 읽을 수
있도록 파손이 적고 소장가치가 있는 양장본으로 바꿨다.

  최근 들어 일제강점사와 관련된 논란들이 뜨겁다. 책임 있는 자리에 있는 이들
이 공공연히 일제강점사를 긍정하거나 사상의 덧칠을 하여 독립운동가들을 폄훼
하는 일들이 벌어지고 있다. 후손으로서 바른 역사 인식이 어느 때보다도 중요하
게 부각되는 오늘, 이 책이 작은 도움이 되기를 바란다.

2024년 9월

4 | 1926——1930
공 산 주 의 열 풍

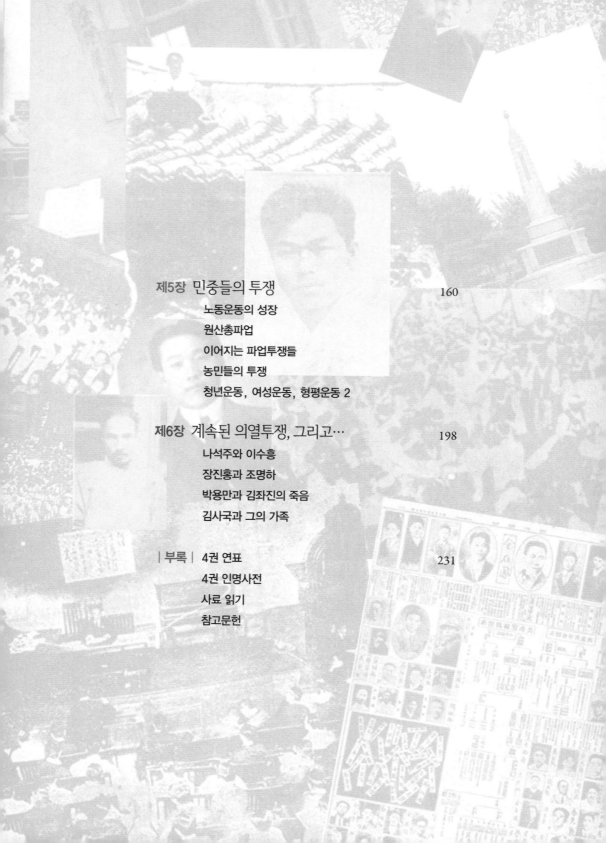

런던

베이

장제스, 북벌 완수

장제스는 상하이에서
반공 쿠데타를 일으켜
국공합작을 무너뜨렸다.
이어 북벌에 나서더니
마침내 베이징에 입성해
군벌 시대를 끝내고
중국을 다시 통일했다.

런던군축회의

영국, 일본, 프랑스, 이탈리아, 미국이 워싱턴회의에서
체결된 조약을 재검토하고 해군 보조함의 보유 비율에
대한 협정을 체결했다.

우리는	1926	6·10만세운동	1927	신간회 창립
세계는		독일, 국제연맹 가입		제1차 국공합작 결렬

1920년대 후반, 세계는

대공황
주가 폭락 소식이 전해지며
'검은 목요일'이라 불리게 된
1929년 10월 24일,
전 세계를 강타한 대공황이
시작됐다.

1928	근우회 출범	1929	광주학생항일운동	1930	평양 고무공장 노동자 파업
	장제스, 북벌 완수		대공황		런던군축회의

제1차 세계대전의 참화를 겪은 유럽은 오래도록 후유증을 앓았다.

쯧쯧 거리라곤 온통…

상이군인들과 실업자들로 우글거리고… 암담하네.

1920년 후반에 들어서야 전후 복구가 마무리되면서 안정을 찾게 된다.

우린 20년대 스타일♪~

이제는 평화의 시간~

유럽 가운데서도 독일이 겪은 고통이 특히 컸다.

어마어마한 전쟁배상금을 떠안았으니 경제가 굴러갈 턱이 있나?

인플렌가 뭔가가 얼마나 엄청난지 우유 한병 사려면 마르크 지폐를 한 가방 들고 가야 했다우.

미국의 중재로 배상금이 삭감되고 차관 제공으로 숨통이 트였지만 독일 국민들은 큰 불만을 가졌다.

젠장! 전쟁은 뭐 우리만 했나?

진 게 죄지 뭐. 막판에 미국놈들이 끼어드는 바람에…

내 말이!

그 불만을 자양분으로 파시즘이라 불리는 괴물이 자라난다.

꿈틀

일러두기

❖ 대사의 경우 현장감을 살리기 위해 외래어표기법이나 표준어에서 예외적으로 표기된 경우가 있다.

❖ 연도의 경우 대부분 《한국독립운동의 역사》(한국독립운동사편찬위원회) 제60권 《한국독립운동사 연표》를 기준으로 표기했다.

파시즘의 출발점은 이탈리아였다.

내 이름은 베니토 무솔리니! (1883 ~ 1945) 1차대전 전까지만 해도 잘나가는 공산주의자였지. 하지만!

제1차 세계대전이 끝난 후 전향하고는

사회주의 이론은 죽었어. 남은 건 힘한 뿐이닷!

지지자 200여 명을 모아 강력한 국가주의를 내건 단체를 만든다.

민주주의 따위 개나 줘버렷! 이탈리아 만세!

만세ー

국민들의 불만을 파고들며 지지 세력을 넓혀가더니

연합국으로 참전해 피흘리고선 얻은 게 뭐냔 말야.

이 나라는 무솔리니 같은 강력한 지도자가 필요해.

무솔리니

1921년에 국가파시스트당을 조직했다. 그러곤 총선에서 19.1퍼센트를 득표하며 37명의 당선자를 낸다.

Partito Nazionale Fascista

물론 나 역시 당선됐지.

빠른 탈모…

그리고 이듬해인 1922년엔 추종자들의 모임인 검은셔츠단을 이끌고 로마로 진군하는 쿠데타를 일으켜

권력을 획득한다.

나, 이탈리아 국왕은 귀하에게 내각을 구성할 권한을 부여하노라.

엥? 뭐가 이리 쉬워?

그니까 권력을 가지란 얘기여.

이후 차츰 독재권력을 강화해가더니 마침내 1928년에는 일인, 일당 독재체제를 구축한다.

의회를 해산한다. 그리고,

이후론 국가파시스트당을 제외한 모든 정당의 활동을 전면금지한다.

결국 1929년 선거에서 국가파시스트당은 98.4%의 득표율로 전체 의석을 차지합니다.

진작부터 독일민족지상주의자였던 아돌프 히틀러(1889~1945)는

유대인과 슬라브족이 혐오스러워. 마르크스주의도.

1919년 독일노동자당에 가입해 두각을 드러내더니 이내 당수로 올라선다.

강대한 독일!

민주공화제 타도! 베르사유조약 폐기! 유대인은 꺼져!

와

와

잘한다!

당명도 바꾼다. 국가사회주의독일노동자당! 줄여서 나치(Nazi).

Nationalsozialistische
Deutsche
Arbeiterpartei
약칭 NSDAP

무솔리니의 성공에 자극받아 1923년 11월 뮌헨에서 봉기를 시도했지만

실패하여 투옥된다.

군부와 멍청한 관료들이 막판에 지지를 거두는 바람에 …

35쪽

9개월에 걸친 투옥 기간 동안
《나의 투쟁》을 저술할 정도로
신념은 더욱 다듬어졌지만,

《나의 투쟁》 중
나치의 상징인
하켄크로이츠
디자인에 대한 설명

효과가 큰 깃발과 휘장은 매우 많은 경우
어떤 운동에 대한 관심에 최초의 자극을 줄 수 있다.
그동안에 나 자신이 여러모로 시도하며
마지막 모양을 그렸던 하켄크로이츠는 본래
게르만인이 청동기 시절부터 썼던 행운의 상징이다.
붉은 바탕에 흰 원을 남기고 그 한가운데에
검은 하켄크로이츠를 그린 깃발이었다…

우리는 우리의 깃발 속에서 우리의 강령을 본다.
우리는 붉은색 속에서 우리의 사회적 사상을,
흰색 속에서 국가주의적 사상을,
하켄크로이츠 속에서 아리아인의 승리를 위한
투쟁의 사명을, 그리고 동시에 그 자체가
영원히 반유태주의였고,
또 반유태주의적일 창조적인 활동의
사상의 승리를 본다.

출옥해보니 상황은 더욱
나빠져 있었다.

경기가 조금 나아졌다고
우리에 대한 관심이
뚝 떨어졌어요.

…

극단주의자들은
안돼.

그와 나치가 다시 독일 국민의
관심을 받게 된 것은 몇 년 뒤
찾아온 대공황 덕분이었다.

위대한 독일!!

1930년 총선에서 18.3퍼센트를
득표하며 나치가 제2당으로
떠오른 것이다.

히틀러!
히틀러!

제1차 세계대전 동안에도
전쟁 특수로 내내
호황이었던 미국은
달랐다.

전쟁 후에도
호황이 계속
이어지네.

주기적 공황론도
우리에겐
해당 안 되는 듯.

정부와 의회는 친기업정책으로 독점기업들의 성장을 가속화시켰고,

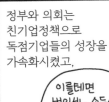

이를테면 법인세, 소득세를 안하한다든가⋯ 우리는 비즈니스 프렌들리 마인드니깐 ♪

공장들은 끝없이 상품들을 쏟아냈다.

1920년대 말 미국의 총생산은 전 세계의 50%에 육박했지.

주식 시장 규모도 날로 성장해서 5년 전에 비해 세 배에 달했고.

WALL ST.

노동쟁의? 그런 게 왜 필요하지? 노동자가 주식으로 돈 버는 아메리카인데.

거리엔 자동차가 넘쳐나고

빵빵

1929년 현재 자동차 생산량이 자그마치 550만 대.

50층이 넘는 초고층 빌딩들이 앞다투어 올라가기 시작했다.

엠파이어스테이트 빌딩도 대공황 직전에 착공되었지. 대공황으로 자재값과 인건비가 폭락해서 공사비가 크게 줄었다나.

미국인들은 베이브 루스의 홈런에 열광했고,

와 와

1929년엔 제1회 아카데미 시상식이 열렸다.

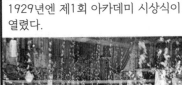

요리 보고 조리 봐도 미국의 번영이 멈춘다는 건 납득이 안 돼. 미국은 영원히 번영할거야 ∼

1928년에 첫선을 보인 미키마우스

열강들의 간섭과 반혁명을 이겨내고 소련을 세웠지만,

모든 것이 녹록지 않았다.

안 그래도 본디 자본주의 발전이 더뎠던 우린데 전쟁과 반혁명으로 진을 다 뺐으니 생산력은 미약하고...

이래가지고서야 사회주의 건설을 제대로 해낼 수 있을까?

그러게. 믿었던 유럽에서의 혁명도 일어나질 않고...

혁명은커녕 오히려 자본주의 유럽은 급속히 안정을 되찾아가는 모습이다.

경기도 되살아나고

그래서 그런가? 유럽에선 공산당의 인기가 개량주의 정당인 사회민주당에 한참 못 미치는 모양이야.

레닌이 병석에 누우면서 서기장을 맡아 정무를 대리해온 이오시프 스탈린 (1879~1953).

...

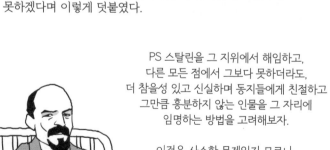

레닌은 병석에서 쓴 〈대회에 보낸 편지〉에서 스탈린에 대해 능력이 가장 뛰어나지만 권력을 신중히 행사할지 확신하지 못하겠다며 이렇게 덧붙였다.

PS 스탈린을 그 지위에서 해임하고, 다른 모든 점에서 그보다 못하더라도, 더 참을성 있고 신실하며 동지들에게 친절하고 그만큼 흥분하지 않는 인물을 그 자리에 임명하는 방법을 고려해보자.

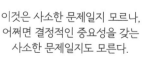

이것은 사소한 문제일지 모르나, 어쩌면 결정적인 중요성을 갖는 사소한 문제일지도 모른다.

이 편지는 레닌이 죽은 뒤에야 공개되는데

반트로츠키 투쟁의 분위기에 묻혀 사장되고 말았죠.

레닌이 죽자 스탈린은 원조 볼셰비키들인 지노비예프와 카메네프를 끌어들여 삼두체제를 구축했다.

지노비예프와 카메네프는 당내에서 인기가 가장 높고 좌파를 대표하는 트로츠키를 상대로 권력투쟁을 벌였다.

레닌 동지를 반대했던 멘셰비키!

레닌 동지의 무장봉기에 반대한 주제들이!

툭 탁

레온 트로츠키(1879~1940)는 이른바 영구혁명론을 주창했다.

부르주아혁명 없이 곧장 사회주의 혁명으로!

단, 세계혁명의 뒷받침 없이 러시아에서의 사회주의 성공은 어려워.

양자 간의 싸움은 트로츠키의 패배로 끝났지만

잘가~ 멘셰비키.

볼셰비키 당에 자네가 있을 자리는 없어.

지노비예프와 카메네프도 상당한 타격을 입었다.

10월 혁명을 가져온 무장봉기에 반대했다고?

우리의 지도자들이 실망이네.

웅성 웅성

진정한 승자는 중도파로서 한발 물러나 있던 스탈린이었다.

나는 일관된 볼셰비키이자 무장봉기도 적극 지지한 레닌 동지의 충직한 제자.

인정

레닌의 후계자로서의 입지가 공고해진 스탈린은 일국 사회주의론을 내세우며 소리 없이 권력을 강화했다.

스탈린!

스탈린!

스탈린!

헐~ 스탈린에게 모든 권력이 모이고 있어. 이러다가 일인 독재로 흐를 수도…

그건 안 되지. 막아야 해.

지노비예프와 카메네프는
과거의 적 트로츠키와 손잡고 스탈린에 맞섰지만

당내 우파를 대표하는 부하린과 손잡은
스탈린의 상대가 되지 못했다(1926년).

니콜라이 부하린
(1888~1938)은
신경제정책의 주창자.

스탈린은 이어 부하린마저
공격해 몰아내고 일인 권력을
구축한다.

그리고 일국 사회주의론에 따른
자신의 구상을 실현해나간다.

1928년, 트로츠키 등 좌파들이 내건
정책을 대거 채용해 사회주의 건설을
위한 제1차 5개년 계획을 수립하고
추진했다.

농업의 희생 위에 중공업 국가로의 발전을 꾀한 구상이다.

스탈린은 레닌주의의 충실한 계승을 내세우며 권력을 공고화해나갔다.

민주주의 중앙집권제! 볼셰비키식 철의 규율!

그 과정은 스탈린 일인 권력화의 과정이었고, 당내 민주주의의 질식 과정이기도 했다.

누가 당의 결정에 반대하는가?

이게 아닌데...

스탈린 동지의 뜻이 곧 당의 뜻!

스탈린의 권력 강화 과정과 일국 사회주의론의 영향은 코민테른에 그대로 파급되었다. 민주주의가 위축되고,

스탈린 동지가 파견한 이가 코민테른 집행위원회를 좌지우지...

코민테른도 스탈린주의로...

사회주의 모국 소련의 보위가 코민테른의 핵심 과제로 자리 잡았다.

그래야 할 것 같긴 한데

그럼 울 나라 혁명은...

1928년 스탈린의 급격한 좌익 선회로 코민테른도 급작스레 좌경화의 길을 걷게 된다.

사민주의자는 사회파시스트! 타도해야!

식민지 인민들은 민족개량주의자와 투쟁을!

언제는 공동전선을 꾸려야 한다더니...

코민테른의 좌경화엔 중국의 영향도 있었다. 국공합작이 붕괴된 것.

장제스가 배반을?! 역시 부르주아들은 믿을 수가 없어.

쑨원 사후 국민당은 공산당과 손잡은 좌파가 주도했다.

젠장.

불만을 품은 우파들의 도발이
이어지는 가운데

더 이상 공산당과는
함께 할 수 없어.

중립을 지키던 장제스가 상하이에서 반공 쿠데타를 일으켰다.
공산주의자들을 체포하고,

이 배신자!

저항하는 노동자 수천 명을 살상한 것이다(1927년 4월).

타 타 타 탕

아들 장징궈를 모스크바로 보낸 장제스다.

가서
볼셰비키를
잘 배우고
와라.

이로써 국민당 정부는 좌파가
이끄는 우한(무한) 정부와
장제스가 이끄는
난징(남경) 정부로
나뉘게 된다.

난징

우한

하지만 오래지 않아
우한 정부가
좌파와 공산당으로
분열했고,

좌파의 우한 정부는
결국 난징 정부와
합동하기에 이른다.

이어 장제스는 북벌에 나서고,
여러 군벌들까지 가세하면서

마침내 베이징에 무혈입성해 쑨원의 무덤 앞에
북벌 성공을 고할 수 있었다.

국공합작의 파탄으로 우한에서 탈출한
공산당 간부들은 코민테른 방침에 따라
난창(남창)에서 무장봉기를 시도했으나 패퇴한다.

이어 광저우(광주)에서 다시 무장봉기를 하고
광저우 코뮌을 수립했지만 3주 만에
숱한 희생만 남긴 채 패퇴하였다.

거듭된 도시 봉기의 실패는 마오쩌둥(1893~1976)의
주장에 귀를 기울이게 만들었다.

중국혁명의 주력은 농민,
농촌을 먼저 장악해
도시를 포위해야!

마오쩌둥은 잔여 병력을 이끌고
징강산(정강산)으로 들어가 근거지를
구축하고 군대를 정비한다.

1925년 일본에선
보통선거법이 통과되었다.

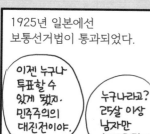

이젠 누구나
투표할 수
있게 됐지.
민주주의의
대진전이야.

누구나라고?
25살 이상
남자만
해당되잖아.

하지만 이때 치안유지법도
같이 통과되어 민주주의
억압의 길도 열렸다.

제1조: 국체를 변혁하고
또는 사유재산 제도를
부인하는 것을 목적으로 하여
결사를 조직하거나 또는
그 정을 알고서 가입한 자는
십년 이상의 징역 또는
금고에 처한다
:

이건 뭐
거의
반공법이네.

이듬해 다이쇼 천황이 죽고
히로히토 천황(1901~1989)이
즉위했다.

새 연호는
쇼와(소화)로!

다이쇼 천황의
죽음과 함께
다이쇼민주의도
···

1927년 집권한
다나카 기이치(1864~1929)는
육군 대신을 역임한
대표적인 대륙팽창론자.

영미협조주의?
맘에 안들어.
대륙으로
뻗어나가야.

황포탄에서
오성륜, 김익상,
이종암에 의해
죽을 뻔했던.
(3권 176, 177)

다나카 내각과 군부는 생각했다.

만주에 대한
지배권을
확보해야.

그러려면 만주를
중국으로부터
분리한 다음
요리하는 게···

앞서 본 장제스의 무혈 베이징 입성도
사실은 일본이 배후에서 공작한 덕이라 하겠다.

베이징을 장쭤린이
장악하고 있지만
장제스가 이끄는
북벌군에게
깨질 게 뻔해.

맞습니다.
그럴 경우
베이징은 물론
만주까지
장제스에게
넘어가게 됩니다.

그렇게는
안 되지.

관동군은 장쭤린을 설득했고

붙어서 깨지느니 물러나 동북이라도 지키는 게…

만약 장제스 군이 동북까지 올라오면 우리가 도와줄 게.

장쭤린은 동의했다.

동북으로 돌아간다!

그런데, 선양(심양)으로 돌아가는 길에 돌연 폭발이 일어났고,

꽈

꽈

장쭤린은 죽고 만다.

이는 육군 수뇌부의 은밀한 지원 아래 관동군 육군 참모들이 벌인 공작이었다.

장쭤린은 다루기가 너무 어려워. 이 참에 없애버리고 어리바리한 놈을 내세워 만주에 대한 권익을 확보한다.

← 관동군 참모
고모토 다이사쿠 대좌

장쭤린의 아들 장쉐량(1898~2001)이 급히 돌아와 상황을 수습하더니,

이제 동북의 결정권자는 바로 나, 장쉐량!

장제스 정부에 합류해버린다.

장둥지 덕에 드디어 동북에도 청천백일기가 휘날릴 수 있게 되었소.

둥지을 동북방면총사령에 임명하오.

사건을 벌인 관동군으로선 상황을 더욱 악화시켜버린 셈이다.

일본군의 작태렷다. 절대로 용서 못해.

망했네. QQQ

빠드득

다나카 수상은 이 사건 관련자에 대한 엄정 처벌을 얼버무리다가 결국 내각 총사퇴를 하게 되고

하마구치 오사치(1870~1931)를 총리로 하는 새 내각이 출범했다.

하지만 런던군축회의 군축조약에 서명하자 야당과 군부, 우익 단체는 격렬히 반대했고,

미국: 일본 보조함 비율 100 : 69.7 이면 괜찮은 협상 아냐?

시꺼! 누가 니들 맘대로 서명하래?

하마구치 수상은 우익 단체 청년의 총에 중상을 입어 이듬해 사망하고 만다.

꽝

대륙 진출을 갈망하는 군부와 우익의 입김이 날로 세지고 있었다.

만주 먹고 중국 먹고 세계로!

미국 번영의 상징과도 같은 뉴욕 월스트리트.
주식시장은 오래도록 연일 상승세였다.

1929년 10월 24일 이날은 시작부터 달랐다.

오늘 이상한데.

초장부터 온통 내리막이네.

무슨 일이야? 팔자 주문이 계속 쏟아지잖아.

나도 팔아야 하는 거 아냐?

검은 목요일이라 불린
대폭락 사태가 벌어진 것이다.

팔아줘!

내 것도 팔아줘!

나도!

이날을 기점으로 1920년대 후반의
안정기는 종말에 이르고
대공황 시대가 시작된다.

WANTED JOB

Before

After

독점자본들은 영원한 번영이 이어지리란
환상에 취해 경쟁적으로 설비를 증설했고

제 2 공장 준공식에...

아니 제 3 공장 착공식 먼저 가지.

과잉투자는 과잉생산을 불렀다.

이제 더이상 쌓을 데도 없네.

공장마다 재고가 쌓여가는가 싶더니

왤케 안팔리지?

자본가만 돈을 벌고 노동자들 임금은 별반 오르지 않으니 살 수가 없잖아.

이로 인한 기업 경영의 어려움이 마침내 주식 폭락으로 이어진 것이다.

주가가 폭락하자 회사들의 자산이 줄어들었고, 은행 부채를 갚지 못해 도산하는 기업들이 속출했다.

실업자가 급증하면서 구직 행렬이 거리를 메웠다.

실업률이 30%에 이르렀고

공업 생산량은 1929년 대비 1932년엔 절반으로.

세계 경제를 이끌던 미국발 공황은 세계로 세계로 확산되었다.

모스크바

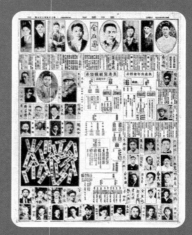

1927년 9월 조선공산당 재판

일제의 강경한 탄압으로 발생한
제1차, 제2차 조선공산당 사건에 대한
첫 공판이 1927년 함께 열렸다.
기소자만 101명이었던 이 사건은
연일 신문지상을 장식하며
세간의 이목을 집중시켰다.

코민테른의 12월 테제

코민테른은 1928년 제6차 대회에서 '12월 테제'로 불리는
조선 문제에 대한 결정서를 채택했다. 테제는 조선 공산주의
운동의 문제점을 비판하면서 노동자, 농민 속에서
자기 대열을 강화해야 한다는 것을 강조했다.

우리는	1926	6·10만세운동	1927	신간회 창립
세계는		독일, 국제연맹 가입		제1차 국공합작 결렬

제1장

조선공산당

공산주의자들의 다양한 정파가 모여
조선공산당을 창당하고 코민테른의 승인도 받지만,
일제의 궤멸적 탄압을 세 차례나 당하게 된다.
만주의 조선인 공산주의자들은 중국공산당에 입당하여,
중국혁명과 조선혁명이라는 양대 과제를 안고
일본 제국주의와 싸워나간다.

경성

조선공산당 창당대회

1925년 4월 17일 오후 1시
황금정에 있는 아서원(현재의
을지로 롯데호텔 자리)에서
화요파 중심의 조선공산당
창당대회가 열렸다.
그해 11월 신의주 사건으로
지도부가 구속되면서
제1차 조선공산당은
사실상 무너졌다.

1928	근우회 출범	1929	광주학생항일운동	1930	평양 고무공장 노동자 파업
	장제스, 북벌 완수		대공황		런던군축회의

화요파 조선공산당의 창당

화요회는 1925년 1월 북풍회와 조선노동당, 무산자동맹회와 함께 재경 사회운동자 신년 간친회를 열었다.

조선노동당은 서울파와 화요파 사이에서 중립을 취했던 그룹으로 비밀결사인 스파르타쿠스당을 두었습니다.

북풍회는 화요회 측에 종교와 민족 문제에 대한 입장 수정을 전제 조건으로 요구했고,

화요회의 종교, 민족에 대한 입장은 좌경맹동주의라고 생각하오. 수정해야 함께 할 수 있소.

지적에 공감하오.

받아들여지면서 합류하게 되었다.

기꺼이 수용하겠소.

그렇다면 같이 합시다.

다만 서울파는 배제되었다.

서울파는 줄곧 해외파 배제를 주장하고 있는데,

이는 사실상 해외파와 밀접히 결합되어 있는 우리를 겨냥한 게 아니냐 이거지.

서울파는 빼고 간다!

북풍파의 협력을 얻어낸 화요파는 전조선민중운동자대회 준비회를 조직해 준비에 들어갔고,

서울파의 주축인 서울청년회가 강력히 반발했지만,

우리 운동선을 분규와 혼란에 빠뜨린 책임은 화요회와 해외에 있는 상해파, 이르쿠츠크파 수령들에게 있다.

우리는 조선 운동의 통일과 정의를 위해 이들을 운동선상에서 물아내기로 한다.

전조선민중운동자대회 일자는 1925년 4월 20일로 정해졌고, 전국의 각 참여 단체는 그 준비로 바빴다.

우리 단체의 대표도 뽑아야 하고

우리 입장도 장해야 하고.

이즈음엔 또한 조선기자대회도 열렸다.

경찰의 신경은 양 대회에 온통 집중돼 있었다.

민중운동자 대회는 우선 금지시키고 해산 명령에 불응하는 자는 체포한다!

기자대회의 마지막 날인 4월 17일 오후 1시, 중국음식점 아서원에서 또 다른 모임이 열렸다.

꼬르뷰로 내지부 대표 홍남표, 김재봉,

북풍회의 김약수,

화요회의 박헌영, 조봉암을 비롯한 수십 명이 모인 것이다.

김재봉의 개회 선언과 함께

조선에서의 사상운동이 날로 복잡해지고 있으므로 이를 지도할 조직을 결성하지 않으면 안 됩니다.

창당대회가 시작되었다.

우리의 운동을 통일적으로 지도해나갈 전위당 결성을 위한 대회를 시작합니다.

당 지도부 구성은 전형위원을 선출해 이들에게 전권을 부여하도록 하겠습니다.

좋습니다.

당명은 상하이파와 이르쿠츠크파로 나뉘어 싸웠던 고려공산당을 피해 조선공산당(조공)으로, 지도부 구성을 맡을 전형위원으론 조동호, 김찬, 조봉암이 선출되었다.

그들은 다음의 인사들을 중앙위원으로 뽑았다.

화요 : 김재봉, 김찬, 조동호
북풍 : 김약수, 정운해
상하이 : 유진희, 주종건

이 정도면 상당히 고른 구성인데.

그러게, 화요파가 많이 양보했네.

맞아. 우리 화요파가 많이 양보했지. 화요파 당이라는 소리가 들리면 곤란하니까.

하지만 안을 들여다 보면 화요파 당이 맞아. 김재봉도 범화요파고 당원 90%가 화요파인데다 요직은 다 우리가···

이 정도면 거의 우리 맘대로 당을 운영할 수 있다는 뜻이기도.

책임비서 김재봉(1890~1944)은 안동의 유생 집안 출신.

3·1에 참여한 이래 사회주의를 받아들였고, 1921년 러시아로 망명했다. 이듬해엔 극동민족대회에도 참가했다.

이르쿠츠크파 고려공산당에 참가했고 1923년엔 꼬르뷰로 파견원으로 들어와 꼬르뷰로 국내부를 조직했다.

이후 그는 〈조선일보〉 기자로 재직하면서 화요파와 손잡고 조선공산당 창당을 주도했다.

조선공산당이 창립된 다음 날, 박헌영의 집에 화요파 청년들 20명이 모였다.

지금부터 조선공산당 산하 공산주의청년동맹 창립 대회를 시작하겠습니다.

본래 고려공산청년회는 일찍이 1921년 8월 상하이에서 조직되었다.

이르쿠츠크파 고려공산당의 하부 조직이었지.

코민테른의 인정도 받고.

김단야   임원근

책임비서 박헌영

이후 고려공산당은 코민테른에 의해 부정되었지만 고려공산청년회는 부정되지 않았다.

이에 고려공산청년회(고려공청)의 이름을 그대로 쓰기로 했고 책임비서도 박헌영이 그대로 맡았다.

짝 짝 짝

박헌영(1900~1955)은 충남 예산 출신으로 3·1을 경험한 후 상하이로 망명했다. 그곳에서 김단야, 임원근을 만나 본격 사회주의를 접하게 되고

주세죽과 결혼도 했다.

1922년 그는 김단야, 임원근과 함께 귀국길에 올랐다가

국내에서 본격 사회주의 운동을!

체포되어

박헌영 맞지?

1년 6개월간 감옥 생활을 해야 했다.

1924년 출소해서는 〈동아일보〉, 〈조선일보〉의 기자로 있으면서 화요회의 핵심 인물로 자리 잡았다.

동아와 조선 양사에서 해고당했지.

박헌영과 함께 권오설, 김단야, 김찬, 조봉암 등이 고려공산청년회의 중앙집행위를 구성했다.

조선공산당은 조동호를, 고려공산청년회는 조봉암을 코민테른에 파견했다.

하지만 기대와 달리 조선공산당에 대한 코민테른의 승인은 유보되었다.

강령과 규약도 아직 없군요. 이대로는 승인이 곤란하죠.

한편 북풍파는 조선공산당이 화요파 위주로 돌아가자 독자 행동에 들어갔고,

만주, 연해주 쪽의 반 화요파들과 연대를…

당은 북풍파 당원들에 정권 처분을 내린다.

당원 ○○○

당의 결의와 규칙 위반과 당 파괴 운동을 한 데 대해 당원권 정지를 처분함.

○월 ○일 조직부

기가 막혀.

그러자 북풍파가 탈당하면서 당은 결국 화요파의 당으로 남았다.

조선공산당은 중앙당을 먼저 조직하고 이어 하부를 조직하는 방법을 택했다.

이어서 지방당, 야체이카를!

당 강령은 아직 결정짓지 못했으나 기본 목표는 분명했다.

조국의 독립과 민주주의 혁명!

모스크바공산대학에 21명의 유학생을 파견했으며,

열심히 배우고 와서 조선혁명에 크게 이바지해주오.

넵!

사회주의 확산을 위한 강연회나 노동조합 설립 등에도 힘썼다.

만주총국 설립, 노농총동맹 분리, 민족통일전선 등을 논의했으나

뚜렷한 성과를 거두지는 못했다. 너무 빨리 무너졌기 때문이다.

신의주의 신만청년회는 조선공산당의 영향하에 있는 조직.

국경에 있는 관계로 대외연락 업무도 상당 부분 맡고 있죠.

1925년 11월, 20명 남짓한 신만청년회 회원들이 신의주의 한 요릿집에서 결혼식 뒤풀이를 가졌더랬다.

다른 방에선 형사들과 친일 변호사, 지역 유지들이 술을 마시고 있었다.

드륵

술에 취한 청년 하나가 친일 변호사에게 시비를 건 것이 발단이었다.

변호사님~ 안녕하시네요.

역쉬 일본놈들 빨아주는 게 적성에 맞나 봅니다. 신수가 아주 훤~하십니다.

이 자식이 우리가 누군 줄 알고! 훈 좀 나볼래?

알쥐이. 쪽바리들과 그 똘만이들이란 거, 잘 알고 있고.

뭐얏?

벌떡

언쟁은 폭력 사태로 발전하고 만다.

떡 떡

일본인 형사와 조선인 형사가
집단 구타를 당하자

신의주경찰서는 발끈했다.

감히 경찰을
집단으로 폭행해?
싹 다 잡아들엿!

체포와 가택수색이 이어지는 가운데,

한 회원의 집에서 박헌영이 상하이로
보내려던 기밀문서가 나왔다.

와우! 대애~박!

신의주경찰서와 종로경찰서의
합동 수사가 시작되었고,

조선공산당?
고려공산청년회?
박헌영?
알았소!

박헌영, 주세죽, 유진희 등이
체포되었다.

망명을 시도하던 김재봉도
체포되었다.

양복점

제2차 조선공산당

중앙집행위원 중 김찬은 상하이로 피신했고,

나머지 중앙집행위원 대부분이 검거되면서 제1차 조선공산당 지도부는 사실상 무너졌다.

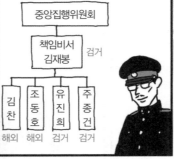

중앙집행위원회

책임비서 김재봉 — 검거

김찬 (해외) / 조동호 (해외) / 유진희 (검거) / 주종건 (검거)

그런데 체포되기 전 김재봉과 김찬, 주종건 등은 후계 지도부를 마련했다.

강달영 동지? 진주의?

강달영(1888~1940)을 제2대 책임비서로 지명한 것. 진주 태생인 강달영은 3·1과 관련해 구속되었고

중앙에 지명도가 별로 없는데 지도력이 설까요?

바로 그 때문에 더욱 강동지가 필요하오. 적들도 그만큼 강동지를 주목하지 않을 것 아니오?

게다가 지난 활동을 통해 혁명성과 사업능력은 충분히 검증됐으니.

출소해서는 조선노동공제회 진주지부 결성을 주도하는 등 줄곧 진주에서 활동해온 인물.

조선노농총동맹 중앙위원과 꼬르뷰로 진주 야체이카 책임을 맡았고

현재는 조선일보 진주지국을 운영하고 있소.

그 자신도 정통 화요파였지만 강달영은 상하이파인 김철수, 이봉수를 중앙집행위원으로 선정했다(강달영이 이끈 이때의 조선공산당을 통칭 제2차 조선공산당이라 부른다).

김동지가 조직부를, 이동지가 선전부를 맡아주오.

고려공청에서는 망명 전 김단야의 요청으로
권오설이 제2대 책임비서를 맡았다.

뒷일을
부탁하오.

한편 검거를 피해 상하이로 망명한 이들은
여운형의 집에 모여들었다.

선배님!

어서들
오오.

제1차 조공 중앙집행위원 김찬,
제1차 고려공청 중앙집행위원 김단야,

여기에 모스크바에 파견됐던 조동호, 조봉암이
합류했다.

김찬은 조공 상하이 연락부를,

김단야는 고려공청
상하이 연락부를
각각 구성했다.

제1차 당의 주요 간부들이자 코민테른과의 연락선,
코민테른이 지원한 자금까지 확보한 그들은
강달영에게 요구했다.

조선공산당의 해외 업무는 중앙 간부
해외부인 우리가 전담할 생각입니다.
중대 문제는 우리와 협의해주기 바라고
코민테른에 보고문을 발송하거나 주요한 교섭은
우리를 통해주기 바랍니다.

이건 마치
중앙 위의 중앙 노릇을
하겠다는 격인데
···

상하이의 구중앙 간부들은
또 다른 요구를 해왔고

조봉암 동지를 당의
새 중앙집행위원으로
임명해 주오.

상하이파 신중앙 간부들은 반발했다.

만일 이런 요구들을
받아들인다면
우리 중앙당은
상해부의
하부조직이 되고
말 것입니다.

단호히 반대해야
합니다. 안그러면
우리는 함께 할 수
없습니다.

강달영은 요구를 정중히 거절하여

요구한 사항을
받아들이기는
곤란합니다.

해외파를 견제함으로써 상하이파인 김철수,
이봉수의 신뢰를 이끌어냈다.

더 이상 화요파 만의
당으로 남아서는
안된다고 생각하오.

그렇게 상하이의 구중앙 간부들의 간섭을 막아낸 강달영은
역으로 그들에게 새 사업 과제를 하달하였다.

만주총국을 세워라?
그 것도 만주의
상해파와 협의해서?

이건 우리 상해부를
해체하라는 것과
다를 바 없는데

어찌해야
하오?

거부할 명분이
없습니다.

한편 조직적 기반이 가장 튼튼했던
서울파도 가만있지는 않았다.

앞서 조선공산당 창당 하루 전날 고려공산동맹 제2차 대회를 열고는

김사국, 이영, 정백 등을 중앙위원으로 선출했다. 사실상 당조직으로의 전환이다.

신의주 사건 직후 조공 측과 통합 논의를 진행했으나 결렬되자

요구 조건을 수용하겠소. 대신 한 사람, 김사국의 배제가 선결조건이오.

장난해? 김사국 동지가 우리의 지도자인 걸 뻔히 알면서!

방향을 바꿔 북풍파, 조선노동당과 연대해 공동 명의로 통일적 당건설을 코민테른에 제안했다.

진정한 조선 공산주의자들의 일치된 의견이외다.

이에 코민테른 집행위 산하 동양부는 조선문제위원회를 열어 이를 논의했다.

그리하여 마침내 1926년 3월 코민테른 집행위 상임위원회는 조선 문제에 대한 결정을 내렸다.

급보요 급보! 코민테른이 드뎌…

1925년 4월에 결성된 조선공산당을 정식으로 코민테른 지부로 인정하는 결정이다.

1. 1925년 4월에 조직된 공산주의 단체를 코민테른 지부인 조선공산당으로 인정하는 데 대한
   동양부의 제안에 동의한다.

3. 코민테른은 코민테른이 인정한 공산당과 투쟁하지 않는다는 조건으로 조선의 모든 혁명적 단체 및
   공산주의 그룹과 직접적인 관계를 유지할 용의가 있으며 그들에게 동지적인 충고 등으로 원조하며
   그들을 동조적인 공산주의 그룹으로 간주한다.

4. 조선의 혁명단체들에게 그러한 이름을 들을 가치가 있는 어떤 조선의 혁명가든지 조선공산당과 투쟁할 수도 없고
   투쟁해서도 안 되며, 반대로 각 조선 혁명가는 조선공산당이 조선 인민의 민족해방 및 사회해방을 위해
   가장 결연하고도 비타협적으로 투쟁하는 조직이라는 점을 알아야만 할 것이라는 점에 주의를 둔다.

6. 한편 조선공산당은 합법적인 대중단체들 속에서 통일적인 민족혁명전선의 창립을 원조하기 위해
   모든 자신의 영향력을 행사해야만 한다. … 만약 당에 가입하지 않은 공산주의 그룹들 그리고 무엇보다
   서울청년회가 당에 반대해 투쟁하지 않는다면 그들은 본 결정의 3항에 따라
   동조적인 공산주의 그룹으로 간주될 것이다. …

정식 승인을 얻자 강달영
중앙엔 더욱 힘이 실렸다.

코민테른의
요구도 그렇고,
당면한 과제는
통일전선의
실현이오.

김재봉이 이끌던
제1차 조선공산당도
통일전선을 인정은 했지만
실상은 부정적이었다.

해외라면 모를까
조선 땅 안에
혁명적 민족주의자가
어딨단 말인가?

반면 강달영의
제2차 조공은
진작부터
통일전선을
주요 과제로
삼았다.

민족주의, 사회주의
양 운동 세력을 통합해
국민당을 조직합시다.

강달영은 천도교 구파는 물론 기독교 세력, 안재홍 등 비타협적 민족주의자들과 접촉하는 등 적극 움직였다.

이때 순종이 서거한다.

저언하——

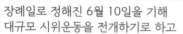

장례일로 정해진 6월 10일을 기해 대규모 시위운동을 전개하기로 하고

다른 행사 계획들은 일단 중지하고,

모든 역량을 시위 운동에!

권오설을 책임자로 하는 투쟁지도특별위원회를 발족시켰다.

조선학생과학연구회를 중심으로 학생 조직을 꾸리고

격문을 제작, 인쇄하는 등 착착 준비해나갔다.

탁 탁

그런데,

위조지폐 사건을 조사하던 종로경찰서 형사들이 용의자의 집에서

작은 유인물을 발견했다.

격고문
....
....
혁명적 민족운동자 단결 만세!
대한 독립 만세!

대한독립단

어디서 구했어?

양말 만드는 안정식에게서 받았습니다.

이상우와 그의 부인에게서

이상우 부인 고우섭은 천도교 신자로 개벽사 제본부 직원.

제본부 책임자의 부인에게서 천도교 본부 교당 안에 격문이 숨겨져 있다는 얘기를 듣고 가서 보니…

가서 보니?

잔뜩 쌓여 있었고 그 중에서 한 장 빼온 것입니다.

오케이!

1926년 6월 6일, 천도교 중앙대교당에 들이닥친 경찰은

6·10만세시위에 쓰일 다량의 격문을 찾아냈다.

어마어마 하구만.

격고문 10,265 매

구호 적힌 격문 20,530 매

또 다른 구호 격문 17,973 매,

대한학생회 명의 격문 4,231매

대한농민의용단 명의 격문 17,670 매.

천도교 이 자들이 기미년에도 사고를 치더니... 안 되겠구만.

경찰은 인쇄와 보관을 의뢰한 이로 박래원을 지목했다.

교주를 지낸 박인호의 조카. 조선인쇄직공동맹 상무집행위원, 경성노동연맹 집행위원.

아무리 봐도 너밖에 없어. 누가 만들고 누가 자금을 댔을까?

버티던 박래원이 결국 자백했다.

원고 집필자는... 권오설... 그에게서 600원을 받고 이... 인쇄 부탁을 받았습니다.

딱

권오설이 체포되었다.

혹독한 고문을 견디며 시간을 번 권오설이

이틀 만에 자백한다.

조선공산당 신 중앙의 책임비서는 강···달···영입니다.

권오설이 버텨준 덕에 지하로 잠적했던 강달영은 40여 일 뒤에 체포되었다.

강달영 책임비서님 잡시다.

또다시 조공을 향한 대대적인 검거 바람이 불었다.

수십 명이 넘는 당원과 절반이 넘는 후보당원이 검거되었다.

지도부는 물론 당 조직 대부분이 파괴되었겠지. 한마디로 말해서 일.망.타.진.

중앙집행위원 중에선 김철수만 검거를 피했다.

ML파 조선공산당

김철수(1893~1986)는 이동휘가 이끈 상하이파 고려공산당 중앙위원에 뽑혔던 인물.

강달영 중앙이 들어서고 나서 입당했다.

김철수는 후보위원들을 만나 새 중앙집행위를 구성했다.

그는 공산주의 세력의 통일을 희망했다.

화요파의 당도 상해파의 당도 그 어떤 파벌의 당도 아닌 …

이 사이 공산주의 운동 진영 내엔 여러 변화가 있었다.

코민테른이 조공을 승인하자 서울파 내에서도 조공 가입을 주장하는 세력이 형성되었다. 이들은 서울 신파로 불렸다.

어쨌든 코민테른이 실체를 인정한 당입니다. 문제가 있더라도 들어가 바꾸는 것이 옳지 않소이까?

만주에는 박윤서를 필두로 한 만주공청파가 형성돼 있었다.

원래 나는 한명세 등 이르쿠츠크파 계열에서 만주의 상해파 활동을 저지하라고 파견한 사람이었소.

만주공청파

그치만 한명세 등의 분파활동에 환멸이 나서 관계를 끊고 독자적으로 세력을 구축했고

북만의 상해파 조직과 결합해 만주공청을 형성했다오.

베이징에는 혁명사 그룹이 있었는데 1925년 1월 양명, 김성숙, 장지락(김산) 등이 조직했다.

혁명사

도쿄에는 안광천, 이여성 등이 주도하는 일월회가 있었다.

일월회

이들 세 그룹은 모두 공산주의 운동의 통일을 주창했다.

사상통일!

혁명사 일월회 만주공청파

일월회 간부들은 1926년 초 입국해 화요파와 서울파를 상대로 통일을 역설했다.

전조선적으로 힘있는 단일한 사상전선을 결성합시다.

혁명사도 도쿄, 모스크바, 국내로 조직원을 파견했는데,

국내엔 양명이 들어와 조공에 입당했다.

나는 영광스러운 조선공산당의 당원으로서 당의 강령과 규약을 준수하고···

만주공청에선 김월성이 들어와 서울파의 고려공산동맹에 가입했다.

만주에서 왔습니다.

짝 짝 짝

1926년 3월 공산주의 운동의 통일을 도모하는 일군의 무리 10여 명이 한데 모였다. 서울 신파, 일월회, 혁명사, 만주공청.

당, 당 외곽, 고려공산청년동맹 등 각자가 있는 곳에서 운동 통일을 위해 분투합시다.

우리 모임을 조직체로 전환하면 또 하나의 분파란 소릴 들을 터,

조직 체계를 따로 갖추지는 말고.

엠엘파의 탄생이다.

ML파

레닌주의동맹이라 부릅시다.

조공의 입장에선 서울파를 배제하고 출발한 것이 중대한 약점.

세력도 가장 크고 대중조직에 대한 영향력도 가장 큰 우리를 빼고 당은 무슨 당?

서울파

끄응~

코민테른의 인정을 받기 위해서도,

국내 사회주의 운동자들 가운데서 전위정당으로서의 권위를 제대로 인정받기 위해서라도

저 친구들과 통합하지 않을 수가 없구만 ㅇㅇ

서울파

조공 측은 나름 성의를 갖고 서울파와의
통합 협상에 임했고 상당한 의견 접근을 보았다.

하지만 앞서 본 대로 김사국의 거취 문제로
번번이 협상은 결렬되었다.

그런데 상황이 바뀌었다.
코민테른의 승인을 얻은 것이다.

이제 조공으로선 더 이상 저자세로 나갈 이유가 없어졌다.

또 다른 상황 변화가 뒤따랐다.
서울파의 영수인 김사국이
병사한 것이다.

곧이어 조공이
제2차 탄압을 당해
궤멸 위기에 처하고,

서울파에선 신파의 목소리가 더욱 커졌다.

다수파가 된 신파는 먼저 고려공산청년동맹을 고려공청과 통합시켰다.

이름은 그대로 고려공산청년회로!

통합 고려공청의 지도부는 대부분 엠엘파.

고려공청이나 고려공산청년동맹 지도부가 이미 레닌주의 동맹, 즉 엠엘파 구성원들이었으니까.

이어서 1926년 11월 신파 위주로 구성된 고려공청 중앙집행위는 조공 가입을 결정했고,

찬성 6, 반대 1로 조선공산당 가입안이 결정되었습니다.

서울 신파에 속한 140명이 대거 조공에 입당했다.

현재 당원 분포 전체 450명 중 해외 체류, 투옥자를 제외한 국내 활동 당원 수는 220명.

결국 220명 중 140명을 차지하게 되었다는.

숙원이던 서울파와의 통합을 이뤄낸 조공은 1926년 12월 제2차 당대회를 열었다.

16명이 참가해

민족운동, 노동운동, 농민운동, 여성운동, 형명운동 등에 대한 방침들을 논의했고

당 지도부를 구성했죠.

상하이파로서 어려운 시기에 책임비서를 맡아 당 통합을 이루어낸 김철수는

코민테른 파견 대표가 되어
모스크바로 떠났다.

새롭게 당의 책임비서를 맡게 된 이는
일월회의 안광천(1897~?).

경성의학전문학교를
나와 자혜병원에서
의사로 일하다가

일본으로 건너가
본격적으로
사회주의 운동에
뛰어들었죠.

국내에 들어온 그는 레닌주의동맹에 참여해
엠엘파의 일원으로 활동하는 한편,

정우회에 가입해 이론가로 활약해왔다.

신간회 창립에
촉매 역할을 한
'정우회 선언'도
그의 작품이죠.

새로운 당 지도부는 엠엘파가 대부분을 차지했다.

책임비서 : 안광천
중앙집행위원 : 김남수, 김준연, 한위건, 권태석, 하필원

김남수

나만
화요파.

안광천이 이끈 시기 동안엔
내부 갈등도 크지 않았고,
당조직도 국내외로 제법
확대되었다.

각 도에
도위원회도
각겨졌고.

하지만 경찰의 주시와 압박이 계속되자

안광천은 서울 신파 출신 김준연에게 책임비서를 인계한다.

조선일보 기자라는 합법적 신분을 지닌 동지가 아무래도 적격인 듯 싶습니다.

그러나 김준연은 한 달 만에 기밀 누설 문제로 물러나고

베이징의 혁명사 출신 양명에게 중앙간부 인선에 대한 전권이 부여되었다.

양명은 일월회 출신 김세연을 새 책임비서로 세웠다.

안광천에서 김세연에 이르는 엠엘파 공산당 시기 가장 중요한 사업은 역시 신간회 조직이다.

新幹會

정우회선언을 통해 민족협동전선 방침을 확고히 한 조선공산당은

분파투쟁 청산, 대중조작화, 경제투쟁을 정치투쟁으로, 그리고 비타협적 민족주의 세력과 적극적 제휴를!

민족주의자들이 주도한 신간회에 조직적으로 참여해 조직을 실질화시켰다.

상층은 민족주의자들이 하부는 우리가.

청년동맹의 변화를 가져왔으며,

민족협동전선 정신에 따라 민족주의 계열 청년단체까지 포괄했습니다.

조선노농총동맹의 분립도 이때의 일.

조선노동총동맹

조선농민총동맹

경찰의 분립대회 금지 조치로 대회는 치르지 못했지만.

그리고 입당 반대를 고수하던
서울 구파의 영수 이영까지 가입하면서

나는 당의 강령과 규약을 준수하고···

조공은 제법 완전 통합의 기미까지 보였다.
그러나 오래가지 못했다.

서울파, 화요파, 엠엘파, 상해파 등등 모두 들어왔으니 이제는 원팀!

이영 등은 엠엘파를
격하게 비판하더니

엠엘파 지도부는 우익기회주의!

급기야는 탈당해 춘경원에서 독자적인 당대회를
열었다(1927년 12월).

대회에서 책임비서 겸 정치부장으로 선발된 이영.

10대 시절을 서간도에서 보낸 그는

신흥강습소에서 공부했고,

졸업해서는 동화학교 교사를 지냈습니다.

서울로 들어와 서울청년회 결성을 함께했고, 이후로도 서울파의 중심인물로 활동해왔다.

신인동맹회 무산자동맹회를 주도했고

13인회에도 서울파의 대표로 참가했죠.

이영을 중심으로 한 이때의 조직을 춘경원당이라 부른다.

춘경원에서 당대회를 열었다 하여 춘경원당이래. ㅋㅋ

그래도 코민테른에 대표도 파견했대.

그럼 뭐해 개무시당했는 걸.

조공에 대한 제3차 탄압은 공청 책임비서인 김철이 검거되면서 시작되었다.

김세연, 김준연, 정백 등 중앙간부를 비롯한 다수의 조직원들이 검거되었고,

안광천, 양명, 김철수는 망명에 성공했다.

당의 해체와 12월 테제

조공은 결성 후 3년도 안 되는 사이에 중앙 조직이 파괴되는 궤멸적 탄압을 세 차례나 당했다.

조공으로 대표되는 사회주의 세력은 총독부 경찰의 최우선 감시 대상이자 박멸 대상이었다.

본국에서도 치안유지법을 제정한 이유가 공산주의 박멸을 위해서지.

거듭되는 조공 관련 검거 기사와 재판 기사는 온 조선의 이목을 끌었다.

에구~ 조선의 똑똑한 젊은이들은 죄다 잡혀가는구만.

우리도 언젠가는 공산당원이···.

제1차 사건으로 검거된 18명에 대한 재판은 신의주법원에서 진행되고 있었는데,

제2차 사건이 터지자 단일 사건으로 병합돼 진행되었다.

서울로 간다.

오랜 예심 기간을 거쳐 1927년 9월에야 조공 사건에 대한 첫 공판이 열렸다. 기소자만 101명.

관련 문서가 4만 쪽.

열람하는 데 4개월이 걸렸지 뭐야.

김병로, 허헌, 이인과 후세 다츠지 등 진보적인 일본인 변호사들이 변호인단을 구성했다.

방청하려온 가족, 기자, 시민들이 이렇게 많아.

조선공산당에 대한 세상의 관심이 장난이 아냐.

그럼 뭐해? 방청이 허용되지 않았는데.

매 공판마다 박헌영의 재판투쟁이 이목을 끌었다. 정연하게 자신의 주장을 펴는가 하면

동료가 고문으로 죽었다는 소식엔 1980년대의 운동권 학생들이 행했던 모든 모습을 보여주었다.

동지를 살려내라―

안경 벗어 재판장에게 던지고

고함지르고

난동을 피우고…

이후 박헌영은 극심한 구타와 고문을 당했는지 이상한 모습을 보인다.

목을 매서 자살을 기도하는가 하면

자신의 대변을 먹기도 했다.

헤~

결국 박헌영은 몇 달 뒤 병보석으로 석방되고

다시 10개월 뒤엔 만삭의 아내 주세죽과 함께 경찰의 감시를 피해 소련으로 망명했다.

소련에 망명하고 난 뒤의 주세죽과 박헌영

제2대 책임비서를 맡았던 강달영은 혹독한 고문을 당했고 네 차례나 자살을 기도했다.

6년 형을 모두 살고 만기 출소했는데 운동 일선엔 복귀하지 못했다.

고문 후유증으로 정신 질환을 얻었기 때문이다.

이 안에 귀신이 살고 있어요~

조공 중앙집행위원이자 고려공청 책임비서로 6·10만세시위투쟁을 주도했던 권오설(1897~1930).

경북 안동 출신으로 지역에서 오래 활동해왔다.

대구고보에서 민족사상을 고취했다 하여 퇴학당하고

이후 안동청년회에서 활동했고 풍산소작인회 집행위원으로…

그래도 사족 출신이거늘 소작인회가 다 뭐야?

풍산자주회

풍산소작인회 대표로 조선 노농총동맹에 참가해 상무집행위원이 되고 꼬르뷰로, 화요회의 핵심 성원으로 성장하셨다?

그러곤 마침내 조선공산당 중앙집행위원이자 고려공산청년회 책임비서시라…

겁나게 출세하셨구만. 응?~

5년 형을 선고받은 그는 지독한 고문의 후유증으로 폐렴을 얻었고,

쿨럭 쿨럭 쿨럭

1930년 4월 옥사했다.

권오설의 사촌동생인 권오상도 조공의 당원이자 조선학생과학연구회 간부로 6·10만세시위를 주도하고 참여했다.

1년 형을 선고받았으나 그 역시 고문 후유증으로 고생하다가

병보석으로 석방된 직후 세상을 떴다.

아이고오

한편 제3차 조공에 대한
검거가 진행되는 와중에
긴급히 제3차 당대회가 열렸다.

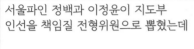

서울파인 정백과 이정윤이 지도부
인선을 책임질 전형위원으로 뽑혔는데

대회 직후 둘 다
검거되고 말았다.

이에 그들은 유치장 안에서
숙의한 다음

석방되는 조직원을 통해 새 지도부의
구성을 밖으로 전했다.

그렇게 구성된 새 중앙의 책임비서는
경기도책인 차금봉(1898~1929).
마지막 제4차 조선공산당이다.

정치부장
안광천

고려공청 책임비서
김재명

차금봉 중앙은 오래가지 못했다. 조직 담당 중앙집행위원인 이성태가 검거되자

차금봉 중앙은 긴급대책회의를 열어 다음과 같이 결정했다(1928년 6월).

더 이상은 조직 활동을 이어나가기 어렵다는 게 냉정한 현실이오. 우선 당을 해산하고

이후 당조직 건설과 관련된 전권을 해외로 파신한 양명 동지에게 인계합니다.

그러나 양명에게 인계가 이루어지기도 전에

한명찬을 필두로 중앙간부들은 물론 지방간부들에 이르기까지 연달아 체포되어갔고, 무려 152명이 검찰에 치안유지법 위반으로 송치되었다.

그렇게 조선공산당은 역사 속으로 사라졌다.

차금봉은 일본으로 피했으나 결국 체포되고 말았다.

조센진 차금봉 맞지?

그는 조공의 책임비서들은 물론 중앙간부들 중에서도 찾아보기 힘든 노동자 출신.

전차 견습공으로 노동자의 길에 들어선 그는 3·1에서 수천 명의 노동자시위를 지도하며 두각을 드러냈다.

이후 여러 노동조합 결성을 주도하거나 지원했다.

조선노동공제회 중앙집행위원장, 조선노농총동맹 중앙집행위원 등을 역임했고 서울파 공산주의자로 활약했다.

무산자여! 단결ㅎ

경찰 신문에 그는 최소한의 사실관계만 인정했을 뿐 모르쇠로 일관했다.

당에서의 직책은?

책임비서요.

책임비서로 한 일은?

아무 것도 하지 않았소.

그렇다면 책임비서로 어떤 일을 하려 했나?

아무런 방침이나 계획도 없었소.

공산당 선언은 알지?

모르오.

······

안 되겠군. 모든 게 생각나도록 해주지.

그만큼 가혹한 고문이 더해졌지만

어때? 이제 생각나지?

그의 입을 열 수는 없었다.

독종일세.

차금봉은 불과 8개월 뒤 고문 후유증으로 옥사한다.

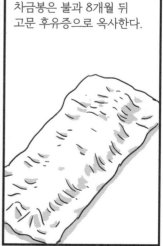

한편 코민테른은

조선의 각 공산주의 그룹 대표들의 방문에 진력이 났다.

그러니까 당신네만 진정한 공산주의자들이고 나머지는 모두 기회주의자들이다? 상해파, 이르쿠츠크파에 화요파, 서울파, 엠엘파 …… 안되겠구만.

코민테른은 1928년 7월에 열린 제6차 대회에 의결권을 가진 조선 대표의 출석을 불허하더니

꼭 참석하고 싶다면 방청은 가능하지만 의결권은 없소이다.

동양서기국에 조선 문제를 검토케 했다.

그리하여 '12월 테제'로 불리는 조선 문제에 대한 결정서를 채택한다(1928년 12월).

조선 문제에 대한 코민테른 집행위원회 결의
(조선 농민 및 노동자의 임무에 관한 결의)

… 조선혁명운동은 심각한 위기에 봉착해 있다. 일본 제국주의자들의 탄압이
조선혁명운동에 퍼부어지고 있다. 노동계급의 전위인 공산당은 심한 산고를 겪으면서 탄생하고 있다.
심한 산고는 객관적 조건(공업의 미약한 발달과 그에 따른 노동계급과 노동 청년의 미성숙,
노동계급의 연대 부족 및 미약한 조직화), 그리고 일본 제국주의의 탄압에 의해서뿐 아니라
조선 공산주의 운동을 여러 해 동안 지연시켜온 비관적인 내부 파쟁과 갈등에 의해서도 초래되었다. …
내부 파쟁으로 분열된 공산주의 운동은, 개별 혁명가와 노동 대중 간에 긴밀한 제휴가 이루어지지 않는 한,
그리고 당이 민족혁명운동에 그 조직 역량을 발휘하지 않는 한,
혁명투쟁의 선도자, 조직자, 지도자가 될 수 없다. …

테제는 조선 공산주의 운동의 문제점을
신랄하게 비판하면서

조선공산주의 운동의
위기는 적들의 탄압 뿐만
아니라 내부 파쟁에
의해 초래되었다.

지식인과 학생
위주로 이루어진 당은
건강한 볼셰비키 당이
될 수 없다.

노동자, 농민 속에서 자기 대열을
강화해야 한다는 것을 강조하고 있다.

기본 계급
중심으로.

조선혁명의 성격을 밝히면서

조선혁명은
반제반봉건 혁명으로
토지혁명과 민족혁명의
결합이 중요하다.

12월테제
"조선문제에 대한
코민테른집행위 결의"

코민테른 제6차 대회의 좌경적 경향을 반영한 방침도 보여주고 있다.

민족혁명대중조직 속에서
민족개량주의자와
기회주의적 지도자들의
우유부단성을 폭로해라?

그럼 신간회에서의
활동 방향이
바뀌어야 하나?

민족대단결!

신간회를 중심으로!

테제에는 조선의 현실에 부합되지 않는
좌경적 지침도 많았지만 조선인 공산주의자라면
부정할 수 없는 정확하고 아픈 지적들이 담겨 있었다.

파쟁이 심각한
문제이긴 하지.

노동자, 농민 속으로
들어가 조직하기보다
학생, 인텔리 위주로
조직이 이루어진 것도
치명적 약점이고.

이에 테제를 받아든 조선의
공산주의자들은 앞다투어 반성하면서
지침에 따른 당재건을 다짐해야 했다.

가자,
노동자와
농민대중
속으로!

파벌과는
단호히 선을 긋고
단결의 가치 아래!

만주의 공산주의 운동

만주로의 조선인 이주는 계속 늘어 1920년대 후반에 이르면 공식 60만, 비공식 100만으로 추산될 정도였다.

조선인들은 도시보다는 농촌에, 작은 집촌을 이루는 경우가 많았고

> 아~리랑 아~리랑 아라리요~

중국인에 비해 소작농 비율이 월등히 높았다.

> 우리는 지주가 43.5% 소작농은 13.1%

> 우리는 지주 7.2% 소작농이 31.2% 자소작농도 25.4%

이런 환경은 사회주의 성장의 좋은 토양이 되었다.

> 토지는 농민에게
>
> 노동자 농민의 세상

1920년대 초반에 지식층과 청년들을 대상으로 사회주의 바람이 일기 시작하더니

> 공산당선언이라고 들어봤어?

> 들어만 봤겠어? 벌써 구해서 읽어봤지. 완전 짜릿~

1920년대 중반에 이르러 이미 청년들 사이에선 다수파가 되어 있었다.

> 무산자여 단결하라!

> 농민들도 상당수가 사회주의로.

사회주의 세력의 급격한 성장은 일대의 민족주의 독립운동 세력과의 갈등을 가져왔다.

우리 청년들을 죄다 붉게 물들여 버리니.

이대로 손놓고 있어선 안되겠어. 혼 좀 내줘야!

장쉐량이 장제스의 국민정부로 들어가면서 만주의 행정 당국에는 반공 바람이 불었다.

공산당 타도!

동북방면 총사령이신 장쉐량 각하께서 말씀하셨지. 공산당은 죽여도 된다고.

이에 민족주의 단체들도 중국 당국과 손잡고 조선인 공산주의자 적발에 나서곤 했다.

만주 조선인 사회의 사회주의 열풍은 이런 악조건을 뚫고 일어난 바람이다.

타도! 공산당!

앞서 본 대로 제2차 조공의 강달영은 상하이의 구중앙에게 만주총국의 건설을 지시했고

이곳의 일은 우리가 맡아 할 테니 …

이에 조봉암, 최원택은 만주로 건너가 블라디보스토크에서 온 김철훈, 윤자영 등과 함께 조공 만주총국을 세웠다.

책임비서 조봉암

공청 만주총국 책임비서 김동명

그런데 이 일대는 이미 박윤서가 이끄는
만주공청파의 지반이 공고한 상황.

우리
나와바리야.

양측은 당시의 통일 분위기 속에서 서로 타협한다.

당은 이미 국제당의
승인을 받았소.
적극 가입을 권하오.

좋소, 같이
갑시다.

그 결과 당은 화요파가, 공청은
만주공청파가 주도하는 양상이 되었는데
양자 간 화학적 결합은 이루어지지 않았다.

1927년 10월 당의 주도로 조공 탄압을 비판하는
시위투쟁이 계획되었다.

10월 2일을 기해
동만 각지에서
일본제국주의 타도와
정치범 석방을 내걸고
시위투쟁을 벌입시다.

이를 사전에 알아챈 일본 영사경찰은
당 간부인 안기성, 최원택을 시작으로

동만주 일대에서 100여 명의 활동가를 체포하고
29명의 간부를 서울로 압송해 재판에 회부했다
(제1차 간도공산당 사건).

이 일로 당 만주총국 내 화요파는 큰 타격을 입었고,

지도부는 물론 하부의 주요 활동가들까지...

다수를 점하게 된 엠엘계의 만주공청파는 자파 위주로 지도부를 구성하고

규모나 그간의 활동으로 보나 진작부터 우리가 주도했어야.

엠엘계의 안광천이 이끄는 당중앙에 보고해 승인을 받는다.

조선공산당 만주총국 ML

누구 맘대로?

화요파는 김찬의 주도 아래 북만을 중심으로 독자적인 당 만주총국과 공청 만주총국을 구성한다.

조선공산당 만주총국 화요

당초 엠엘파에 당권을 넘겨주고 모스크바로 떠났던 상하이파의 김철수는 돌아와 보곤 분개했다.

운동의 통일을 꾀한다 해서 믿고 맡겼는데 또 다른 파벌이 되어선 당을 삼켜버렸네.

그는 만주에서 서울파와 손잡고 재만공산주의동맹을 결성한다. 말하자면 서울 상하이파 만주총국이다.

재만공산주의동맹

그렇게 3개의 서로 다른 만주총국이 조직된 현실 앞에 12월 테제가 내려졌고,

파쟁에 대해 삼엄하게 질타했네.

이거 쑥스럽구만.

이어 코민테른의 또 다른 충격적 결정이 전해졌다. 이미 차금봉 중앙의 결정으로 조공은 해산된 상황.

일국일당제의 원칙에 따라 이후 만주 지역의 조선인 공산주의자들은 중국공산당에 가입해 활동할 것!

1928년 9월에야 꾸려진 중국공산당(중공당) 만주성위원회는 서둘러 조선인 공산주의자들을 받아들일 태세를 갖추었다.

당원 수도 몇 안 되고 활동력이 미비해.

조선인 공산주의자들이 많으니 이들을 받아들이면 조직이 금세 규모를 갖추게 돼.

그렇다고 마구잡이로 받아들일 순 없고···

중국공산당 입당이냐?

조선공산당 재건이냐?

화요파 만주총국은 중공당 입당으로 의견을 모았는데

코민테른의 결정이니 따를 수밖에.

국제주의 원칙에 입각해···

김찬이 단호히 반대한다.

중공 만주부엔 유능한 인물이 없는데다

조선 사람은 조선혁명을 해야지 중국혁명을 하란 말이오?

김찬의 무게감으로 화요파가 머뭇거리는 사이

1차 조선공산당 중앙간부였고 망명해선 상해의 구중앙을 이끌었고

만주총국을 세웠으며 화요파 만주총국을 재건한 우리의 지도자이니···

엠엘파 만주총국은

자 그럼 더 이상 이의 없는 것으로 알고 우리의 깃발을 내리겠습니다.

해체를 선언하고 개인 자격 입당을 선택했다.

뭐야? 자기들이 차금봉 중앙을 계승한 정통이라며 일국일당주의를 무시한다고 떠들더니

결국 화요파 만주총국은 해체선언조차 못한 채 해체되고 말았다.

서울 상하이파는 집단 가입을 교섭해보았지만 거부되자

그건 일국일당주의에 위배되오. 입당은 오직 개인 자격으로만 가능하오.

해체를 선언한다.

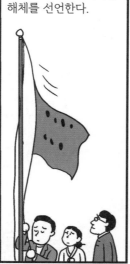

중공당 입당을 거부해 국내행을 택한 이들도 있었다.

조선혁명을 하러 고국산천을 떠나 이곳 만주로 왔는데 조선혁명을 하려고 만주를 떠나 고국으로 돌아가네.

피식

이 사이 제2차, 제3차 간도공산당 사건이 이어지면서 200여 명이 검거되었다.

남은 공산주의자들은 결국 중공당의 문을 두드렸는데,

조선 동지들의 입당을 열렬히 환영하오. 다만 무원칙하게 아무나 받아들일 순 없는 노릇.

우리로선 동지들의 사상과 혁명성에 대한 검증이 필요하오.

이때 중공당은 코민테른의 좌경화된 노선을 추종한 이른바 이립삼 노선이 지배하던 상황.

봉기로! 폭동으로!

한 개 성 또는 몇 개 성에서 우선 승리를!

그 영향하의 중공 만주성위 산하 연변당부는 무장봉기 전략을 세웠다.

일제 타도, 국민당 군벌정부 타도! 지주 타도를 내걸고 무장봉기를 할 것이오.

이번 일에 조선 동지들이 적극 참여해주길 바라오. 조선 동지들의 혁명성을 보여줄 좋은 기회가 될 것이라 보오.

조선인 공산주의자들은 자신의 혁명성을 입증하기 위해 전면에 나서서 봉기를 주도했다.

군벌정부 타도! 일제타도! 지주 타도! 정의부라도 소비에트! 신간회

영사관, 전기공사 등이 불타고

동척 건물과 철교가 폭파되었다.

일본 경찰과 관리들도 군중들의 공격을 받았다.

지주들에 대한 공격도 이어졌다.

한바탕 동만주 일대가 휘몰아쳤지만 봉기는 이내 진압되었다.

많은 활동가들이 검거되었고,

사후에도 일본 경찰은 물론 중국 관헌들까지 나서서 공산주의자 색출에 혈안이 되었다.

하지만 이 과정에서 많은 조선인 공산주의자들의 중공당 입당이 이루어졌고,

나는 중국공산당에 가입하기를 지원합니다. 나는 당의 강령을 지지하고…

중공당은 조선인 마을을 중심으로 각지에 하부 조직을 구축할 수 있었다.

청년회도 조직하고

부녀회랑 아동단도 조직하고

대중 속에 당을 뿌리내리고…

이제 조선인 공산주의자들은 중국혁명과 조선혁명이라는 양대 과제를 안게 되었다.

어쨌거나 일본제국주의와 싸우는 것이 핵심 과제니까.

만주의 통합 움직임

1920년대 중반 만주 일대의 민족주의계 독립운동 세력은
참의부, 정의부, 신민부로 개편되고, 삼부를 통합하자는
민족유일당 건설의 목소리가 높아졌다.
사진은 남만주 일대에서 활약했던 참의부 대원들.

북만주(길림)

남만주(신빈)

베이징

안창호의 민족유일당 건설

임시정부의 국민대표회의가 결렬된 후
독립운동 세력이 분열되자
통합을 강조해온 안창호는 베이징에서
대독립당 북경촉성회를 결성했다.
이후 각지에서 좌우합작의
독립당 촉성회가 만들어졌다.

상하이

제2장

단일전선을 위하여

3·1혁명 이후 상하이에서 수립된 대한민국임시정부는
국민대표회의 결렬로 약화되고,
만주 지역 독립운동 세력은 참의부, 정의부, 신민부의 삼부로 나뉘어 개편된다.
이에 강고한 일제의 힘에 맞서기 위해서는
독립운동 세력을 하나로 통합해야 한다는 주장이 대두된다.

상해촉성회 해체

뜨겁던 민족유일당 건설의 열기는
중국의 국공 분열 영향으로 차갑게 식었다.
서로에 대한 불신과 불만을 누적해왔던
민족주의자와 사회주의자는 대립하고,
1929년 10월 상해촉성회 해체를 시작으로
다른 지역의 촉성회도 잇달아 해체됐다.

1928	근우회 출범	1929	광주학생항일운동	1930	평양 고무공장 노동자 파업
	장제스, 북벌 완수		대공황		런던군축회의

삼부의 결성과 활동

고향을 떠나온 만주 땅의 조선인들은 두 가지를 꿈꾸었다.

조선의 독립과

간도에서의 조선인 자치!

조선 독립의 꿈은 일제의 탄압을 불렀고,

꿈도 꾸지 마!

자치의 꿈은 중국 당국의 의심을 샀다.

쩌릿

일본은 만주에서의 항일 움직임에 신경을 곤두세웠다.

이곳의 항일이 본토의 항일을 부추기고 근거지 역할을 하고 있어. 매우 곤란해.

1925년 6월 조선총독부 경무국장 미쓰야는 만주의 지배자 장쭤린을 만난 후 펑톈성(봉천성) 경무국장 위전(우진)과 다음과 같은 협정을 체결한다(미쓰야협정).

- 만주에서 조선인 독립운동자를 체포하면 반드시 일본영사관에 넘긴다.
- 일본은 그 대가로 상금을 지불한다.
- 장쭤린은 상금 중 일부를 반드시 체포한 관리에게 준다.

이에 중국 관리들은 조선독립운동가 체포에 혈안이 됐고,

상금이 쏠쏠해. 특잠 뛰는 마음으로다 ♪

조선인 남성을 목 베어 가 독립군이라 칭하고
상금을 받아먹는 중국인 부랑자들도 있었다.

두개 값
주쇼.

조선인 농민들에게 부락에서의 퇴거를 명하거나
까다로운 신원 증명을 요구하는 일도 허다했다.

일본으로선 손 안 대고
코 풀게 된 것.

독립운동하는 놈들
제거되어 좋고,

조선인과 중국인들
사이의 갈등이 커져
독립운동자들의
운신의 폭이 좁아져서
좋고.

미쓰야협정에 앞서 만주 일대
민족주의 운동 진영 내에도
많은 변화가 있었다.

서간도 일대의 독립군 부대들은
1922년 8월 환인현에서
대한통의부를 출범시켰다.

서로군정서, 대한독립단,
광복군총영, 보합단···
이제 옛 부대의 이름은
없어지고

오직 통의부요 갑니다.
군대는 의용군으로.

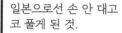

대 한 통 의 부

하지만 이내 이념 문제로 분화가 일더니

복벽!

복벽이라니?
당근 공화주의로
가야지.

전덕원을 지지하는
복벽파 독립군들이
공화파의 양기탁 일행을
습격하는 사건이 일어났다.

쾅

선전국장 김창의가
사살되고

타앙

양기탁, 현정경 등의 간부들은
포박되어 구타당했다.

퍽 퍽 퍽
퍽

이후에도 양측은 다시 유혈 충돌 사태를
빚었고 결국 복벽파는 떨어져 나가
의군부를 설립했다(1923년 2월).

융희 연호를
사용했지.

군무부장
전덕원

의 군 부

하지만 점차 위축되어 뒤에
참의부로 편입된다.

참의부

의군부

참의부 역시 통의부에서 떨어져 나온 조직으로
채찬 등 통의부 내 의용군들이 중심이 되어 결성했다.

통의부는 지나치게
자치활동을 중시해.
우리는,

참 의 부

무장투쟁을
최우선 과업으로
삼는다.

아울러
상해 임시정부를
받들고 직할부대임을
자임한다.

참의부는 압록강 연안 지역에서 주로 활동했는데,
소규모의 국내진공작전을 자주 펼쳤다.

통통통통

온다!
사격 준비!

사이토 총독이 경비선을 타고 압록강을 따라 순시한다는 정보를 입수한 참의부는 연안에 매복했다가 일제사격을 가했다.

타 타 타 타타

사이토를 태운 경비선은 대응사격을 해볼 엄두도 내지 못한 채 도주해야 했다 (1924년 5월).

통통통통통

참의부의 활동은 1926년 이후 거의 사라졌다.

리더인 채찬은 통의부 의용군에게 살해당함

탕

통의부를 비롯한 남만의 지도자들은 임정에 회의적이었다.

국민대표회의에선 비록 개조파의 입장을 취했지만 지금의 임정은 이미 구심점으로서의 지위를 상실했어.

참의부도 임정이 부추겨서 만들어진 모양.

김동삼

이들은 1924년 11월 정의부를 조직했다.

정 의 부

관할 지역은 압록강 연안 지역, 참의부랑 더러 겹치지.

행정위원회와 의회를 두었고,

중앙행정위원장 이탁

민정 활동과 함께

관할 지역 조선인들에게 의무금과 소득세를 거두었고,

정미업, 집단농장 개발사업 등을 벌였지요.

군사 활동도 중시했다.

국내진공작전

친일파 처단

타앙

군자금 조달

정의부 군사위원장이자
의용군 사령관은 오동진.

평북 의주 출신으로 3·1에 참여했다가

검거를 피해 망명한 이후
광복군사령부, 광복군총영 등을
이끌며 그 이름을 높였다.

군자금이 절실한 그에게 옛 동지가 소식을 전해 왔다.

금광주 최창학이
만나 뵙고 싶어 합니다.
크게 도움이 되리라
생각합니다.

광산왕이라
불리는 최창학이!

ㅇㅇㅇㅇ

1927년 12월 기대를 품고
약속 장소로 가다가

고등경찰 김덕기에게 체포되고 만다.
옛 동지는 이미 변심해 밀정이 돼 있었던 것.

미안~

오동진이
반가워~

김덕기는 순사보로 시작해 순사,
경부, 경시로 승진해온 인물.

내 이름
들어봤지?
응응

의주경찰서와 관동청 단둥경찰서에서 활동하며
많은 독립군들을 체포했다.

의열단이 황옥,
김시현 등을 앞세워
행하려 했던
파괴 암살 공작을
(3권 186, 187)
저지시키는 데도
한 몫했지.

나중엔
경남 참여관까지
올라갔다네.

참여관

재판을 거부하고 33일간
단식하며 싸운 오동진은
무기징역을 선고받았다.

해방 직전인 1944년 12월
옥사했다.

오동진의 뒤를 이어 지청천이
정의부 의용군을 이끌었다.

북간도에선 무장해제를 거부해 러시아로 들어가지 않았던
독립군들, 자유시참변을 겪고 나온 독립군 등을 비롯해 일대의
독립운동단체들이 모여 1925년 3월 신민부를 결성했다.

신 민 부

중앙집행위원장
김혁

총사령관
김좌진

신민부도 민정 활동과 함께

식산 조합,
소비 조합을
만들어 운영했고

50여 개의
소학교를 세웠으며
기관지 〈신민보〉를
발행하기도.

재정은?

동포들을 상대로
의무금을 거두었죠.
재산 정도에 따라.

독립군을 길러내는 등의 군정 활동을 병행했다.

성동사관학교를 세워서 독립군 5백 명을 속성으로 키워냈지.

밀정이나 친일파 처단도.

1928년 1월, 중일 합동대의 습격으로 김혁 등 주요 간부 12명이 체포된 뒤

진로를 둘러싸고 군정파와 민정파로 나뉘는데

무장투쟁 위주로!

한인의 지위 향상부터!

김좌진이 이끄는 군정파가 다수로 조직을 장악하자 민정파는 따로 본부를 두었다.

민정파

흥!

1920년대 중반 만주 일대의 민족주의계 독립운동 세력은 이렇듯 크게 참의부, 정의부, 신민부 삼부로 개편되었다.

신민부

정의부

참의부

참의부 정의부 신민부

민족유일당 건설

국민대표회의 결렬 후에도 독립운동 세력의 통일을 위한 노력은 이어졌다.

1925년 3월 이승만 탄핵 이후

이승만 OUT!

흥!

각 세력은 저마다 민족통일전선 방침을 내걸었다.

당면한 과제는 일제를 타도하고 나라를 되찾는 일!

독립을 위해 이념이나 방략의 차이를 덮고 단결하자!

아무래도 1924년의 국공합작 영향이 컸다.

우리도 중국처럼!

통일전선 결성 방법들은 달랐지만

임정을 중심으로 단결해서…

임정 빼고 통일전선체를 만든 다음 임정과 통합을

임정도 그냥 일개 독립운동 단체로 통일전선체에 참여해야

이후 상하이를 중심으로 중국 관내(關內 : 산해관 안쪽, 곧 만주를 제외한 중국 본토를 의미함)에선 민족유일당 운동이 본격화됐다.

일제와 싸우는 데 민족주의자, 공산주의자가 함께 하지 못할 이유는 없다.

통일전선체로 독립운동을 통일적으로 지휘할 민족유일당을 건설하자!

임정 국무령에 취임한 홍진도 3대 강령을 내걸어
전 민족을 망라한 당의 건설을 촉구했다.

1. 비타협적 자주독립의
   신운동을 촉진할 일
2. 전 민족을 망라한 공고한
   당체(黨體)를 조직할 일
3. 전 세계 피압박민족과 연맹하여
   협동전선을 조직하는 동시에
   또한 연락할 만한 우방과
   제휴할 일

조공 제1차 탄압으로 상하이로 건너온
망명자들도 민족혁명 유일전선의 결성을
주장했다.

당면 과업은
조선의 절대해방, 노동자,
농민, 소부르주아, 부르주아
4계급의 연합을 통해
유일전선을 결성하자!

진작부터 통합을 강조해온 안창호는 삼일당 연설에서
민족협동전선인 혁명당 건설을 주창하고,

당분간 정체와 주의를
논하지 말고
민족협동전선을 이루어
이민족의 통치와 싸웁시다.

이를 위해 전 민족을 지도할
지식계급이 중추가 된
일대혁명을 건설해야
합니다.

베이징으로 갔다.

베이징에서도 옛 창조파들이나

엠엘파의 한 축을 이루는
혁명사의 관계자들이나

맞는 말씀입니다.
조선인 혁명가들은
일제와 맞서
싸우는 데 마땅히
힘을 합쳐야 합니다.

안창호와는 입장 차이가 있었지만
협동전선의 필요성엔 모두
공감하고 있었다.

그런데 안동지께선
여전히 임정에 대해
미련이 많은
모양입니다.

민족유일당은
임정을 대체하는
것으로 돼야지
임정의 위상을
강화시키는 것으로
되어선 곤란합니다.

결국 큰 틀에서 동의가 이루어져 대독립당 북경촉성회가 결성된다 (1926년 10월).

동일한 목적, 동일한 성공을 위해 운동하고 투쟁하는 혁명자들은 반드시 하나의 기치 아래 모이고 하나의 호령 아래 모여 개시하여야 효과를 거둘 수 있다.

중국의 국민당이나 아일랜드의 신페인당처럼 민족유일당을 조직하자!

우린 노선 차이로 불참했어요.

신채호와 베이징의 아나키스트들

홍진이 5개월 만에 물러나면서 김구가 임정의 새 국무령에 취임했다.

민족유일당운동은 사실 임정에 대한 불신의 표현이기도 하다.

민족유일당 건설!!

임정이 모든 독립운동 세력의 사령탑 기능을 못하기 때문에!

임정에서조차 젊은 의정원들을 중심으로 민족유일당 건설의 목소리가 높았다.

대표적인 임정 옹호파인 김구도 이런 안팎의 여론을 무시할 수 없어서 이당치국론을 반영한 개헌을 주도해야 했다.

대한민국의 최고 권력은 임시의정원에 있다…… 광복운동자의 대단결인 당이 완성된 때에는 국가의 최고 권력이 그 당에 있다.

헌법

국내에서 발표한 '정우회선언'도 민족협동전선으로서의 민족유일당운동을 촉진했다.

정우회선언을 모두 지지하는 분위기인 듯.

이제 본토에서도 민족유일당으로 나아가는 모양인데 우리도…

마침내 1927년 4월 상하이에서도 한국유일독립당 상해촉성회 창립총회가 열렸다.

이동녕, 김구, 조완구 등 임정 옹호파,

조상섭, 이규홍, 최창식 등 임정 개조파,

김규식 등 창조파,

나창헌, 김두봉 등 중도파,

홍남표, 조봉암 등 화요파,

정백, 현정건 등 상하이파 등이 참석했다.

5월엔 의열단도 '독립당촉성운동선언'을 발표해 호응했다.

이후 각지에서 독립당 촉성회가 만들어지더니

1927년 11월 상하이에선 각 지역 촉성회 연석회의가 열려 한국독립당 관내촉성회연합회가 결성되었다.

이어 한국독립당 관내촉성회연합회의 전위조직으로 중국본부 한인청년동맹이 결성되었다.

각 지역 청년회 간부들이 협의해 단일 동맹으로 통합했죠.

사실 청년들은 각 지역 독립운동의 전위이자 유일한 대중이기도.

대체로 상해촉성회는 사회주의 색채가 강했고

북경촉성회는 창조파,

광동촉성회, 무한촉성회는 의열단의 세가 강했다.

삼부통합운동과 유일당운동의 실패

지린(길림)에 도착한 안창호는 500여 군중 앞에서 민족의 대단결을 촉구하고,

만주 각지의 독립운동 지도자를 만나 민족유일당운동에 대한 동의를 이끌어냈다.

그리하여 1927년 4월 지린에서 전만독립운동단체 통일회의가 열렸다.

모두 52명이 참가했죠.

전만독립운동단체 통일회의

4일간 회의했으나 의견 일치를 보지 못해 노선 통일을 위한 시사연구회를 조직하는 것으로 만족해야 했다.

전만독립운동단체통일회

조공도 만주총국에 다음과 같은 지침을 내렸고,

협동전선 단일당을 조직하되 그 범위는 만주에 국한한다. 신간회 지회는 만들지 않는다. 시사연구회를 그 출발점으로 삼을 것!

정의부도 호응해 나섰다.

만주 운동선의 통일을 위해 신민부, 참의부를 비롯한 제 운동세력과의 연합을 적극 도모한다. 유일당 촉성을 준비한다.

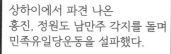
상하이에서 파견 나온
홍진, 정원도 남만주 각지를 돌며
민족유일당운동을 설파했다.

1928년 5월, 화전현 성흥학교에서
민족유일당 조직을 위한
회의가 열렸다.

18개 단체에서 39명의 대표가 참석해주셨습니다.

참의부는 참석하지
못했고,

신민부 대표 신숙은
회의가 끝난 뒤에야
도착했다.

엉? 끝났소?

회의는 15일간 지속됐으나 조직 건설 방법론을
둘러싸고 둘로 나뉘게 된다.

단체를 본위로 조직을!

각 단체들이 연합하는 방식으로 민족유일당을 건설하자.

무슨 소리? 단체를 그대로 두면 당파와 파벌이 난립할 게 분명하오. 모든 단체를 해산하고,

개인 본위로 조직을!

단체 본위 조직론을 내세우는 쪽은
전민족유일당협의회(협의회)를 조직하고,

개인 본위 조직론을 내세우는 쪽은
전민족유일당촉성회(촉성회)를 조직한다.

전민족유일당협의회 〉〈 전민족유일당촉성회

협의회를 중심으로 대단결을!

촉성회를 중심으로 대단결을!

유일당운동이 이렇게 분열되자 정의부는 삼부통합운동에 나선다.

먼저 삼부부터 통합을!

조직 규모가 가장 큰 정의부는 다시 단체 본위의 통합을 내세웠고, 참의부와 신민부는 사실상 촉성회의 주장에 동조하는 모습을 보였다.

먼저 삼부를 해체하고 촉성회와 협의회의 분규를 타파하여 하나의 대당을 건설합시다.

통합운동은 결국 결렬됐고 독립운동가들은 제각기 협의회나 촉성회 가운데 어느 한쪽을 택해 나갔다.

협의회

촉성회

결국 개인 본위로네.

이 와중에 군정파와 민정파로 나뉘어 갈등하던 신민부에서 사고가 발생한다.

1928년 10월 신민부 관할 한인 수십 명이 일제의 무력으로부터 자위책을 마련하기 위해 회합을 갖는데,

이를 민정파의 비밀회의로 오인한 군정파가 습격하여

와장창

쾅

여러 명을 사살하고 다수의 중상자를 낸 것.

탕 타탕

민정파 지지 한인들은 북만주민대회를 갖고 군정파를 성토했다.

동족을 무참히 살해한 군정파의 극악무도한 행위를 규탄하고 그 책임자인 김좌진에게 조선인민의 이름으로 사형을 선고한다.

민정파와 군정파는 더 이상 서로를 용납할 수 없는 관계가 되고 말았다.

정의부에도 내분이 있었다. 진작부터 두 흐름 간에 갈등이 있었는데

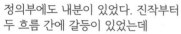

현재론 동포들의 자치활동을 강화해 힘을 길러야 하오.

독립운동은 모름지기 싸우는 데 있소. 무장투쟁을 우선해야!

무장 활동을 중시하는 김동삼, 지청천 등은 정의부가 주축인 협의회와의 관계를 끊고 촉성회 쪽으로 넘어갔다.

참의부의 형편도 좋지 않았다. 자치활동을 주장하던 일부가 친일파들과 손잡고 선민부라는 단체를 만들어 이탈한 것.

참의부

鮮民府

삼부 통합이 아니라 삼부 쪼개기로 가네. 이제 유일당 운동은 끝난 모양이지.

그건 또 아닌가봐. 협의회와 촉성회가 각각 통합 조직을 건설하려나 봐.

암튼 유일당은 안될 듯.

1928년 12월 촉성회를 지지하는 삼부 인사들은 혁신의회를 조직했다.

혁신의회

회장 : 김동삼
중앙집행위원장 : 김원식
김좌진, 황학수, 지청천, 김승학 등

협의회 측은 1929년 4월 국민부를 구성했다.

국민부

중앙집행위원장 : 현익철
최동오, 고이허, 이웅, 양세봉 등

이렇듯 만주에서의 유일당운동은 실패로 끝이 났다.

북만주 지역
정의부 비주류
참의부 주류
신민부 군정파

혁신의회

국민부

남만주 지역
정의부 주류
참의부 일부
신민부 민정파
사회주의 세력

중국 관내 지역도 별반 다르지 않았다.

뜨겁던 대단결 흐름에 찬물을 끼얹은 출발적 동인은 중국의 국공 분열이다.

대단결 분위기가 조성된 것도 따지고 보면 1924년에 실현된 국공합작 덕이라 할 수 있는데,

이에 유일당 촉성회 열기는 사실 시작부터 불안을 안고 출발한 셈이다.

유일당 열기가 시작되고 1년도 못 돼 국공합작이 무너졌으니...

그러게 걱정일세.

국공 분열과 중공당에 의한 광저우봉기 이후

중국혁명에 참여했던 조선인 사회주의자들이 속속 상하이로 몰려들었다.

어떻게 살아나왔는지 모르겠소.

나도 그렇소. 우리 동지들 150여 명이나 쓰러졌소.

상하이의 사회주의 세력은 더욱 강화된 셈이지만 그들을 둘러싼 환경은 녹록지 않았다.

원래도 상해의 청년들 사이에선 우리가 주류였는데

이젠 뭐거의 독무대, 우리의 경쟁 상대는 다른 사회주의 그룹이랄까?

프랑스 조계 당국은 중국 정부의 눈치를 살펴 한인에 대한 단속을 강화했고

실례하오. 조선인 사회주의자들 맞소?

임정의 보수적 민족주의자들은 이제 공공연히 반공을 내세우기 시작했다.

우리는 본래 사회주의와 무관할 뿐만 아니라 그 주장에 반대하오.

엠엘파가 주도하는 재중국한인청년동맹 상하이지부가 발표한 격문이 여기에 기름을 붓는다.

이 게 뭐야? 국민당 정부의 반공노선을 규탄하고 있을 뿐아니라

읽어봅시죠.

사회주의 조국 소련 수호에 떨쳐나서자고 선동하고 있잖아.

민족주의 진영이 격하게 반발했다.

키워준 조국을 버리고 붉은 러시아에 귀화한 자들!

꾸깃

이 격문은 붉은 러시아의 충직한 노예가 되겠다는 선언이 아니고 뭐냐고?

찌익

서로에 대한 불신과 불만이 오래 누적돼왔던 터라

민족 보다 이념이 먼저인 자들.

역사 발전에 역행하는 고루한 반동들.

이 일로 민족유일당 운동의 가장 약한 고리였던 좌우합작은 끊어지고 말았다.

가장 중요한 고리이기도 ㅇㅇ

이어 상해촉성회도 해체되고 (1929년 10월) 다른 지역의 촉성회도 잇달아 해체되었다.

오늘로 상해촉성회는 해체한다. 각자의 길로!

3년간 독립운동가들의 마음을 사로잡았던 민족유일당운동은 완전히 끝이 났다.

민족유일당촉ㅅ

그렇게 민족유일당운동으로 불렸던 민족협동전선운동이 만주에서도, 중국 관내에서도 실패로 끝나고 말았지만 국내에서는 조금 달랐다.

빼앗긴 들에도 봄은 오는가 이상화

지금은 남의 땅— 빼앗긴 들에도 봄은 오는가?

나는 온몸에 햇살을 받고,
푸른 하늘 푸른 들이 맞붙은 곳으로,
가르마 같은 논길을 따라 꿈속을 가듯 걸어만 간다.

입술을 다문 하늘아, 들아,
내 맘에는 나 혼자 온 것 같지를 않구나!
네가 끌었느냐, 누가 부르더냐. 답답워라. 말을 해 다오.

바람은 내 귀에 속삭이며,
한 자국도 섰지 마라, 옷자락을 흔들고.
종다리는 울타리 너머 아씨같이 구름 뒤에서 반갑다 웃네.

고맙게 잘 자란 보리밭아,
간밤 자정이 넘어 내리던 고운 비로
너는 삼단 같은 머리를 감았구나. 내 머리조차 가뿐하다.

혼자라도 가쁘게나 가자.
마른 논을 안고 도는 착한 도랑이
젖먹이 달래는 노래를 하고, 제 혼자 어깨춤만 추고 가네.

나비, 제비야, 깝치지 마라.
맨드라미, 들마꽃에도 인사를 해야지.
아주까리기름을 바른 이가 지심 매던 그 들이라 다 보고 싶다.

내 손에 호미를 쥐어 다오.
살진 젖가슴과 같은 부드러운 이 흙을
발목이 시도록 밟아도 보고, 좋은 땀조차 흘리고 싶다.

강가에 나온 아이와 같이,
짬도 모르고 끝도 없이 닫는 내 혼아,
무엇을 찾느냐, 어디로 가느냐, 웃어웁다, 답을 하려무나.

나는 온몸에 풋내를 띠고,
푸른 웃음, 푸른 설움이 어우러진 사이로,
다리를 절며 하루를 걷는다. 아마도 봄 신령이 지폈나 보다.

그러나 지금은— 들을 빼앗겨 봄조차 빼앗기겠네.

1926년 6월 〈개벽〉에 발표했다.
이상화는 식민 치하의 민족적 비애와
일제에 항거하는 저항 의식을 기조로 한 시를 썼다.
땅은 일제에게 잠시 빼앗겼다 하더라도
민족혼을 일깨워줄 봄은 빼앗길 수 없다는 강한 저항 의식이 흐른다.

신간회 창립

1927년 2월 15일,
서울의 중앙기독교청년회관에서
신간회 창립총회가 개최됐다.
초대 회장으로는 〈조선일보〉 사장
이상재가 선출됐다.

경성

진주

광주학생항일운동 지원

신간회에서는 1929년 일어난 광주학생항일운동에 조사단을
파견해 사건의 경과를 파악하고 한국 학생들에 대한 일방적인
처벌을 항의했다. 또한 광주학생운동을 더욱 확산시키고
전국적인 규모로 확대시키기 위해 민중대회를 시도했다.
하지만 일제의 탄압으로 중앙집행위원장인 허헌을
비롯한 간부 44명이 구속됨으로써 실패로 돌아갔다.

광주

제3장

신간회운동

민족주의 진영과 사회주의 진영은 공동의 목표를 위해 협동전선을 모색하고
이는 신간회의 결성으로 이어진다.
신간회는 총독부의 방해에도 원산총파업, 광주학생항일운동 등을 지원하며
활발히 활동하지만
사회주의자들 사이에서 해소 문제가 대두된다.

신간회 진주지회

신간회는 전국에 140여 개 지회를 두었고 회원이 4만 명에
이르렀다. 각 지회는 노동자와 농민의 투쟁뿐만 아니라
학생의 동맹휴학 등을 적극 지원했고, 야학과 강연 등을
통해 민족의식을 고취시켰다.

신간회의 창립

3·1 이후 민족운동 진영은 민족주의와
사회주의 진영으로 분화하고,

민족주의 진영은 다시 타협적 민족주의 진영과
비타협적 민족주의 진영으로 나뉘었다.

민족주의 진영과 사회주의 진영은
더러 반목하면서도 같은 목표를 위해
서로 간의 공동전선을 모색해왔다.

초기 사회주의 진영 내에선 상하이파가
민족주의 세력과의 연대를 중시했다.

우리 이르쿠츠크파도
극동민족대회 이후엔
민족통일전선 노선을
수용했다오.

흥! 말로만.

국내 사회주의 그룹 가운데에서는
서울파가 민족협동전선에 적극적이었다.

화요파는 사실상
협동전선에
반대했죠.

민족주의자는
자본가 진영을
대표하는 자들인데
협동이라니?

1925년 들어 안팎의 민족협동전선 형성 요구가
비등해졌고,

저들은
치안유지법을 만들어
다 잡아가두려는데
서로 반목해서야 쓰나?

맞는 말.
힘을 합쳐야지.
주의나 주장은
일단 힘을
모은 다음에
펴도록 하고.

1925년 9월 안재홍, 홍명희, 백남운, 조병옥, 백관수, 한위건 등은 비타협적 민족주의자들의 모임인 조선사정연구회를 조직한다.

조선사정연구회

강달영이 이끈 제2차 조공은 민족주의자들과의 협동전선을 중시했고

민족주의, 사회주의 양 운동 세력을 통합해 국민당을!

그 과정에 천도교 측과 접촉하면서 나온 결실이 6·10만세운동이었다.

1926년 7월 조만식 등 물산장려회 측 인사들이 서울청년회 측과 합작해 조선민흥회를 발기했다.

우리가 앞장서고

조선민흥회

저희가 뒤에서 적극 받쳐드리죠.

총독부의 집회 허가가 나오지 않아 창립 총회를 갖지는 못했다오.

조공의 표면단체인 정우회는 1926년 11월 정우회선언을 발표했다.

〈정우회선언〉
1. 종파 활동 청산
2. 대중 교육과 조직 강화
3. 종래의 경제투쟁을 정치투쟁으로 전환
4. 민족주의 세력과의 적극적 제휴

정우회선언은

민족·사회주의 양 진영의
협동을 바라는 여론의
지지를 받았다.

무르익어가는 협동전선
건설 상황을 더욱 다그치는
계기가 생긴다.

김성수, 송진우, 이광수, 최린 등 자치론자들은
본격 자치운동을 위해 연정회를 구성하려다

이광수의 '민족적 경륜' 사태로
뜻을 접었었다.

1926년 가을부터 이들은 총독부 간부를 면담해 자치 문제를 논의하는 등
다시 연정회 결성을 기도했다.

논의는 최남선에게
전해졌는데

홍명희가 최남선을 찾아왔다가
이를 듣게 된 것.

이자들이
또 이런 작당을
하고 있단
말이오?

이보시게, 벽초!
그렇게 부정적으로만
볼 일은 아니외다.

홍명희가 안재홍, 신석우와 더불어 대책을 논의했다.

자치 확산은
반드시 저지해야!

그러자면 우리가 먼저
비타협적인 민족당을
만드는 것이!

이어 천도교의 권동진, 박래홍,

기독교의 박동완, 유교의 최익환,

불교의 한용운 등의
찬동을 얻어 발기인으로
끌어들이고

베이징의 신채호에게도
연락을 해서
동의를 얻었다.

총독부와의 허가 교섭은 신석우가
맡기로 했다.

상해 임시정부
건립시 대한민국
국호를 제안했던
그 신석우입니다.

이름은 신한회로 지었는데

총독부로부터 거절당했다.

고목신간(古木新幹)이란 말이 안 있습니까? 고목에서 새 가지가 나온다는.

강령 초안은 이렇게 잡았는데,

1. 조선 민족의 정치적, 경제적 구경해결(究竟解結)을 도모한다.
2. 민족적 단결을 도모한다.
3. 타협주의를 부인한다.

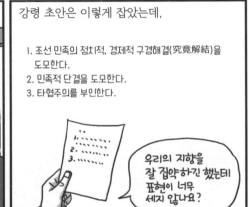

이 역시 합법단체로의 인가를 위해 순화되었다.

1927년 1월 19일 발기인대회에서 채택한 강령은 다음과 같다.

1. 우리는 정치적, 경제적 각성을 촉진함
2. 우리는 단결을 공고히 함
3. 우리는 기회주의를 일체 부인함

초기 발기인으로 참여한 이는 34명인데,

안 재홍
신 석우
홍 명희
권 동진
홍 용즈

출신별로 정리해보면 다음과 같다.

조선일보계 : 안재홍, 신석우, 한기악, 이승복, 장지영, 이관용, 김준연, 백관수
시대일보 및 중외일보계 : 홍명희, 홍성희, 최선익, 이정섭
동아일보계 : 한위건, 최건순
천도교계 : 권동진, 박래홍, 이종린
기독교계 : 이상재, 이승훈, 박동완, 이갑성
불교계 : 한용운
유림계 : 김명동, 정재룡
학계 : 이순탁(연희전문학교 교수)
재계 : 장길상(경북의 부호)
지역 대표 : 신채호(재중국 독립운동단체), 조만식(평양), 문일평(평북),
　　　　　 유억겸(서울), 이정(서울), 김탁(황해), 정태석(상주)
미상 : 이종목

대부분 비타협적 민족주의계
인사들로
드러낸 사회주의자는
정우회 출신인 홍성희,
이승복, 한위건 정도였다.

홍명희 동생

다만 앞서 보았듯 김준연은
조공 측의 비밀당원이었고

홍명희도 화요회 쪽에서
활동하긴 했다.

하지만 나는
민족주의에 더
가까운 사람.

앞서 준비돼온 조선민흥회와의
통합 문제가 과제로 나섰다.

보아하니 서로의
지향하는 바가
한가지인 듯 싶소.

양측 대표들은 의견 일치를 보았고

대국적으로 통합합시다!

콜!

단일전선의 이름에 대해선 조선민흥회에서 흔쾌히 양보했다.

통합 조직의 이름은 어떻게 할까요?

당국의 허가까지 득했으니 귀측의 이름인 신간회로 갑시다.

오오! 감사합니다. 참으로 통큰 결단!

마침내 1927년 2월 15일 저녁, 중앙기독교청년회관에서 신간회 창립총회가 열렸다.

본 회의 명칭은 신간회로 한다.

본 회의 강령은 하나, …

짝 짝

회장엔 이상재가 추대되었다. 부회장엔 홍명희가 선출되었으나 고사하는 바람에 권동진이 맡게 되었다.

회장 포함 중앙간부진 36명 중 사회주의자는 민족주의자이기도 한 홍명희를 포함해도 7명뿐이었다.

그만큼 신간회는 기획부터 추진까지 우리 비타협적인 민족주의자들의 주도로 이루어진 결실이죠.

100% 인정! 하지만,

우리 사회주의자들의 지원 없이는 의미도 없고 뿌리내릴 수도 없었을 겁니다.

노동동맹, 농민동맹, 청년동맹 등 우리의 영향 아래 있는 대중조직을 통해 신간회의 하부 조직을 만들어갔으니까.

우리도 인정.

곳곳에서 신간회 지회가 속속 만들어졌다.

목포지회

울산지회

안동 예안지구 지회

창립 1년도 못돼 지회 100개소 돌파! 회원 2만 돌파!

또한 신간회 자매단체로서 근우회가 조직되어 활동에 들어갔다.

근우회 (槿友會)

근우회는 기독교 중심의 민족주의계와 사회주의계 여성들이 1927년 5월 창립한 단체입니다.

1929년 현재 70여 개 지회와 2,900명의 회원을 두었습니다.

신간회와 관련해 〈조선일보〉의 역할도 특기할 만하다. 우선 창립 주역들인 안재홍, 신석우가 〈조선일보〉의 주요 간부인 데다

초대 회장 이상재는 〈조선일보〉의 사장이다.

그뿐만 아니라 기사, 사설 등으로 신간회를 적극 지지, 성원했다.

심지어는 아예 신간회 소식란을 고정란으로 두어 신간회를 홍보했다오.

이 정도면 거의 기관지!

신간회의 조직과 활동

신간회의 초대 회장 이상재는
창립 한 달 뒤 세상을 뜨고 만다.

이상재의
죽음을 알린
동아일보
기사입니다.

民衆의先驅 社會의元老
李商在先生長逝

昨二十日午前五時齋洞自宅에서

후임 회장은 천도교 인사인 권동진.

이때도 홍명희가
후임 회장으로 뽑혔으나
극구 사양하는 바람에
대신…

애초 총독부가
신간회를 허용한 것은
다음과 같은
계산에서였을 텐데

그다지 위험해 보이지
않기도 하고

사회주의 운동이
운동판을 주도하는
것보다는 이쪽이
나을 듯.

급속한 성장세에
깜짝 놀랐다.

어라!
이거 좀
이상한데
…

△△군 신간회
지회 성황리에
창립식

○○시 지회도
창립식을…

1928년의 창립 1주년 기념
전국대회를 불허하더니

쓸데없이 사달을 야기하고
사회질서를 해할 염려가
있다고 인정되므로
치안유지상 이의 개회를
금지하기로 하였다.

1929년의 제2회 전국대회도
막았다.

신간회는
작년 대회 금지 이래
태도를 고치지 않았고
각 지회의 행동이
불온과격하여
안녕질서를
해하므로
금지!

그러면 확대간사회의를 열어 전국대회를 대신토록 하겠소.

확대간사회의? 음..... 그것도 안 돼.

간사회는?

총무간사회는?

중앙집행위원회는?

불허!

불허!

불허!

하여튼 안돼~

궁여지책으로 신간회는 몇 개 지회를 묶어 대표를 뽑은 다음 복(複)대표라 칭하고 복대표위원회를 구성함으로써

복대표 대회라 .....

집회 허가를 받았다.

이 조차도 금지를 피하기 위해 간담회 형식으로 신청해서 허락받았다오.

불허할 걸 그랬나? ~

이리하여 1929년 6월에야 전국복대표전체대행대회가 열릴 수 있었다.

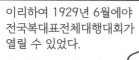

전국복대표전체대행대회

이번 대회의 핵심 안건은

작제 개정과 그에 따른 임원 선출입니다.

대회는 종래의 간사제를 중앙집권제인 집행위원제로 바꾸고

짝 짝 짝

허헌을 중앙집행위원장으로 선출했다.

와아

뭐야?

술렁

이때의 간부 선발은 그사이 변모한 신간회의 모습을 뚜렷이 보여준다.

창립 발기인들과 구간부 상당수가 대거 탈락했어.

반면 신진인사들이 많이 진출했지.

위원장은 당연히 권동진 전 회장이 될 줄 알았는데 허헌 선생한테 밀릴 줄이야.

변화를 가져온 것은 조직의 하부를 장악한 사회주의 세력의 힘이다.

허헌 위원장도 우리가 만들었지.

구간부 세력인 민족주의 진영은 경악했고,

협동도 좋지만 자칫하면 그냥 들러리가 될 수도...

서울지회 위원장으로 조병옥을 밀어 세우며 구간부들을 대거 위원으로 기용했다.

서울이 지회 중에 가장 크고 영향력도 있으니 서울이라도 잡고 있어야.

이 사이 신간회의 주요 활동을 살펴보자.

일본인 사장이나 지주 등에 의한 사형(私刑)을 성토하고 금지운동을 벌였으며,

私的 제뭐 중단!

뭐?

대중운동 지원에도 적극 나섰다.
원산총파업을 비롯한
노동자들의 투쟁,

농민들의 투쟁을 지원했고,

화전민 권익 옹호 투쟁,

단천 삼림조합 반대 투쟁,

학생들의 동맹휴학 등을 적극 응원했다.

또 한가지 우리 신간회가
벌인 주목할만한 활동은
재만동포 옹호운동입니다.

미쓰야협정 후 장쭤린 군벌은
독립운동가들을 탄압했을 뿐만
아니라

걸핏하면 귀화하지 않은
조선 농민을 내쫓았다.

이에 신간회는 재만동포옹호동맹을 조직해 성명서를 발표하고

위원장
안재홍

一. 본 동맹은 급박한 경우에 빠진
　재만 동포의 이익을 적극적으로
　옹호할 것을 목적으로 함
一. 이를 관철하기 위해 전 조선
　각 층의 각 단체 및 …

각 지회에서도 규탄과 함께 지역 재만동포옹호동맹을 조직했다.

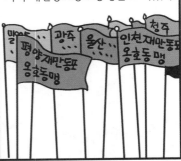

의연금 모금, 항의문 발송, 항의 집회 등이 연일 이어지고 신문들도 대대적으로 보도하는 등 사안이 비등해지자

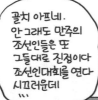

골치 아프네.
안 그래도 만주의
조선인들은 또
그들대로 진정이다
조선인대회를 연다
시끄러운데
…

마침내 지린성 당국은 조선인 구축령을 취하했다.

휴~

알림

지린성 내에 거주하는
모든 조선인을 앞으로
6개월 이내에 모두 중국
국적에 귀화시키기로 하고
이전의 구축령은 취소함

지린성장 백

신간회 지회들은 관내 대중투쟁을 지원함은 물론

여러분의 투쟁은
정당하며
우리 신간회가
함께합니다.

야학,

강연,

미신타파운동, 생활개선운동 등 다양한 일에 앞장섰다.

미신을
믿지 맙시다—

흰옷을 벗고
새깔 옷을 입읍시다
노름을 하지 맙시다

광주학생항일운동 지원 활동에도 적극 나섰다.

신간회 광주지회 간부가 상경해 보고하자

중앙본부 중앙집행위원장 허헌 등을 광주에 파견하는 한편

광주학생사건 보고 대강연회를 열기로 하여 전단을 살포하기도 했다.

나아가 광주학생운동의 확산을 위해 민중대회의 개최를 준비했다.

이에 경찰은 하루 전날 신간회 중앙본부를 급습해

대회를 준비하던 허헌, 권동진, 조병옥, 홍명희, 김병로 등 44명을 체포했다.

체포된 이들 중 허헌, 홍명희, 이관용, 조병옥 등 6명은 기소되었다.

신간회 활동으로 인한 검거, 구속 등의 탄압은 이때만이 아니다.

활동이나 강연 등이 조금이라도 불온하다 싶으면 붙잡아다 체포, 구금해 활동을 제약했고,

쓰미마셍~

구속 기소하여 투옥시킨 사례도 많다.

그 밖에도 탄압 사례는 부지기수.

중앙본부의 집회는 물론 지회의 정기대회나 행사도 금지시키기 일쑤였고

사무실은 물론 간부들에 대한 가택수색도 빈번했고

성명서, 결의문 발표조차 못하게 막곤 했죠.

한마디로 아무것도 못하게 목죄었단 얘기.

그럼에도 불구하고,

웬만한 일엔 다 개입하여 지원하는 등 제 몫을 해냈다는 거.

新幹會

신간회의 해소

민중대회 사건으로 허헌 등 주요 간부들이 수감되자

신간회는 1930년 10월 중앙집행위원회를 소집했다. 기소유예로 먼저 나온 김병로를 중앙집행위원장으로 하는 새 지도부가 구성되었다.

김병로 체제는 온건하면서도 타협적인 경향으로 흘렀고, 일부 인사들은 자치론 진영과 함께하는 모습까지 보였다.

지금 같은 국면에 비타협적 투쟁은 조직을 위태롭게 만들 것이오. 유연하게 활동해야.

민족주의자들끼리 친하게 지냅시다.

사회주의 계열이 주류를 형성한 청년층은 지도부에 실망했고,

뭐하는 거야?

탄압을 두려워 해서야 뭘 할 수 있겠어?

신간회 자체에 대한 회의로까지 발전했다.

민족주의자는 역시 투쟁성이 약해.

맞아, 12월 테제의 지적이 옳아.

여기에 더해 코민테른의 12월 테제가 있었다.
12월 테제는 신간회에 대해 이렇게 쓰고 있다.

조선 공산주의자는 노동자, 농민의 단체 안으로
부지런히 공작을 하고 신구 민족해방단체
(어떤 경우에는 반(半)종교적인 것도 있으나),
예컨대 신간회, 천도교, 형평사 안에서도 공작을 부지런히 해야 한다.
이들 단체 안에서 많은 투사의 획득에 노력하면서
당은 민족주의자, 기회주의자의 우유부단성을 폭로해야 할 것이다.

조선의 공산주의자는 자기의 전 공작,
전 임무에서 명확하게 소부르주아 당파와 분리하여
혁명적 노동운동의 완전한 독자성을 엄격히 지녀야 한다.

1930년 9월의 프로핀테른(적색노조인터내셔널) 9월 테제는
한발 더 나아간다.

...
민족개량주의적 부르주아와 그 단체 - 조선일보, 동아일보 및
천도교의 일부 - 등은 장제스와 중국의 반혁명을
모방할 가치가 있는 선례로 생각하고 있다.
그들은 일본 제국주의와의 협력을 구하고
반소비에트를 사주하고 있다.

신간회도 똑같은 민족개량주의 단체다.

개량주의와의 투쟁은 이 시기
좌경화된 코민테른의 중요한 지침.

젊은 사회주의자들 사이에서 신간회의 해소 문제가
논의되기 시작했다.

1930년 12월 부산지회 정기대회에서 해소 주장은 처음 모습을 드러냈다.

해주지회에서도 해소 문제가 심각하게 논의되었다.

평양지회에선 논쟁 끝에

해소 주장이 표결에 부쳐져 가결되기에 이른다.

이렇듯 곳곳에서 해소 여론이 일자

신간회 창립 주역인 안재홍은 〈조선일보〉 사설을 통해 해소론을 비판하면서 존속을 호소했다.

해소 반대를 결의한 지회도 제법 되고 신중론을 펴는 지회도 더러 있습니다.

하지만 해소 결의를 한 곳이 더 많을 뿐 아니라 점점 더 많아지는 추세입니다.

신간회를 승인한 후 줄곧 후회해온 총독부는

재밌군. 앓던 이를 손쉽게 뺄수 있겠어.

이 기회에 신간회를 아주 없애기로 한다.

해소론이 더욱 대세가 될수있도록 은밀히 도와줘. 저들 스스로 해체하는 게 가장 그림이 좋아.

넵!

창립기념일인 2월 15일 전후의 전국전체대회를 불허했던 총독부는

언제나처럼 일단은 불허!

일단은?

1931년 4월, 가장 규모가 큰 경성지회가 해소를 가결하자

경성지회는 민족주의 영향 아래 있는 지회인데 해소가 결정되었다면 게임이 끝난 셈이잖아?

입장 변화를 보인다.

만일 전국대회를 5월에 개최한다면 집회 허가를 고려해볼 수도 있다.

신간회 본부 중앙집행위원회는 5월 15~16일을 대회일로 신고했고 총독부는 처음으로 대회를 허가해주었다.

신간회 전국 전체대회

중앙집행위원장 강기덕 이하 중앙집행위원을 선출하고

해소안이 상정되어 투표에 부쳐졌다.

찬반토론은 이미 충분히 거친 상태이니 생략하고 곧바로 투표하도록 합시다.

옳소!

해소안은 가결되었다.

찬성 43, 반대 3으로 해소안이 가결되었음을 선포합니다.

해소안이 가결되었으니 중앙집행위원을 해소위원으로 삼아 앞으로의 방향을…

잠깐 스토옵―

여러분의 결의로 신간회는 이미 해소되었소.

저벅 저벅 저벅

우리가 허가한 집회는 여기까지요. 다른 의안의 토의는 금지하니 이만 해산하시오.

그렇게 신간회 창립 이후 처음 열린 전국전체대회는 마지막 집회가 되고 말았다.

자자 얼른 얼른 해산하시오. 해산―

쫙

전국에 퍼진 학생운동

광주학생항일운동은 연일 대서특필되어 전국적 관심사가 됐다.
학생시위는 서울은 물론 평양 등 지방으로 급속히 퍼졌다.
〈동아일보〉 1930년 1월 22일 자 기사에 각지에서 일어난
학생운동이 소개되어 있다.

나주역

광주학생항일운동은 나주역에서 벌어진 한일 학생 간의
충돌을 계기로 일제의 식민 지배와 민족 차별에 대한
분노가 한꺼번에 폭발하면서 3·1혁명 이후 국내에서
일어난 가장 큰 규모의 민족운동으로 발전했다.

경성

나주

제4장

열혈 학생운동

3·1혁명 이후 국내 항일운동에서 학생들이 중요한 역할을 담당한다.
동맹휴학, 독서회 같은 비밀결사 조직을 통해 일제의 민족 차별 교육에 맞서고,
1929년 광주에서는 3·1혁명 이후 최대 규모의 항일 민족운동인
광주학생항일운동이 일어난다.

6·10만세운동

순종의 인산일인 1926년 6월 10일에 학생들을 중심으로
독립만세시위가 벌어졌다. 하지만 3·1혁명을 경험한 총독부가
경계를 강화하면서 전국으로 확산되지는 못했다.

1928	근우회 출범	1929	광주학생항일운동	1930	평양 고무공장 노동자 파업
	장제스, 북벌 완수		대공황		런던군축회의

6·10만세운동

1926년 4월 25일 새벽 6시, 대한제국 마지막 황제인 순종이 마침내 세상과 작별했다.

보도가 통제되다가 각 신문에 보도된 것은 4월 27일.

생전에 존재감이 컸던 것도 아니고

민중의 사랑을 받았던 황제도 아니지만

사람들은 창덕궁으로 모여들어 슬픔을 토해냈다.

3·1의 뼈아픈 경험을 가진 총독부는 경계를 강화하고 만일의 사태에 대비했다.

4월 28일, 돈화문 옆 작은 금호문에서 예복을 차려입은 일본인들을 태운 차량이 빠져나왔다.

이때 한 사내가 비호같이 달려들더니

탑승자들을 향해 연신 비수를 찔러댔다.

그리고 도주하다가 순사들과 격투 끝에 붙잡혔다.

사내의 이름은 송학선, 서른 살.

노점상을 하며
생활을 이어갔는데

그에겐 늘 품고 있던
뜻이 있었다.

안중근 의사처럼

내 손으로
언젠가는
총독을···

순종의 승하 소식을 듣고 달려와
곡을 하고는

돈화문 일대를 배회하고 있었다.

필시 총독이
조문하러 올터.
내 기어코···

그런 그에게 돈화문 밖을 나오던
차가 눈에 들어왔고 탑승자가
총독처럼 보였던 것.

그의 공격을 받은 이들은
일본인들로 경성부협의회
평의원과 국수회 지부장.

한 사람은 결국 죽고
한 사람은 중상을 입었다.

그의 의거는 민심의 격동을 두려워한 총독부 당국의
통제로 5일이 지나서야 보도되었다.

아!

재판엔 수많은 사람들이 몰려들어
그의 거사에 공감하고 있음을 보여주었다.

재판장의 물음에 대한

피고는 어떤
주의자인가?
사상가인가?

송학선의 답이 인상적이다.

나는 주의자도
사상가도 아니오.
아무 것도 모르오.

다만 우리나라를
강탈하고 우리민족을
압박하는 놈들을
백 번 죽여 마땅하다는
것은 잘 알고 있소.

총독을 못 죽인 것이
저승에 가서도
한이될 뿐이오.

피고 송학선에게
사형을 선고한다.

이듬해 사형이 집행되었다.

한편 순종의 서거 이후
신문들은 연일 애도와 함께
망국의 통한을 토해냈는데,

5월 16일 〈시대일보〉가 실은 심훈의 시는 그 결정판이라 하겠다.

통곡 속에서 심훈

큰길에 넘치는 백의의 물결 속에서 울음소리 일어난다.
총검이 번득이고 군병의 말굽 소리 소란한 곳에
분격한 무리는 몰리며 짓밟히며, 땅에 엎드려 마즈막 비명을 지른다.
땅을 두드리며 또 하늘을 우러러
외치는 소리 느껴 우는 소리 구소(九霄)에 사무친다!

검은 댕기 드린 소녀여
눈송이같이 소복 입은 소년이여
그 무엇이 너희의 작은 가슴을
안타깝게도 설움에 떨게 하더냐
그 뉘라서 저다지도 뜨거운 눈물을
어여쁜 너희의 두 눈으로 짜아내려 하더냐?

가지마다 신록의 아지랑이가 되어 오르고
종달새 시내를 따르는 즐거운 봄날에
어찌하여 너희는 벌써 기쁨의 노래를 잊어버렸는가?
천진한 너희의 행복마저 차마 어떤 사람이 빼앗아 가던가?

...

오오 쫓겨 가는 무리여
쓰러져 버린 한낱 우상 앞에 무릎을 꿇지 마라!
덧없는 인생 죽고야 마는 것이 우리의 숙명이어니
한 사람의 돌아오지 못함을 굳이 서러워하지 말라.

그러나 오오 그러나
철천의 한을 품은 청상의 설움이로되
이웃집 제단조차 무너져 하소연할 곳 없으니
목메어 울고자 하나 눈물마저 말라붙은
억색(抑塞)한 가슴을 이 한날에 두드리며 울자!
이마로 흙을 부비며 눈으로 피를 뿜으며!

4월 29일 돈화문 앞에서

조공은 천도교 등과의 연대 속에 만세운동을 준비했다.

장례 일자인 6월 10일을기해 시위운동을 전개한다.

시위 방법은 장례행렬이 지나는 연도에 시위대를 분산배치했다가 격문, 전단을 살포하며 만세 시위를 벌인다.

인쇄와 배포는…

상해에서도 자금과 격문을 보내오기로…

그러나 앞서 본 대로 뜻하지 않게 격고문이 노출되면서 조공에 대한 탄압으로 이어졌다.

사상단체, 종교단체, 학교 등에 대한 검속이 매일같이 행해지고 거리, 여관 등에 대한 검문검색도 일상이 됐다.

서울 商會

게다가 서울에 배치된 군대만해도 1만여 명.

암만 해도 이번엔 만세 시위고 뭐고 어렵겠지?

척척척

그러나 이런 삼엄한 경계를 뚫고 학생들이 움직였다.

조선학생과학연구회는 비밀리에 격문을 준비했고

중앙고보와 중동학교의 학생들도
별도로 격문을 준비하고
시위를 계획했다.

마침내 장례식 당일, 장례 행렬은 8시 창덕궁에서 발인해

종로 3가-을지로 3가-을지로 6가-훈련원-동대문-창신동-신설동을 거쳐 장지인 금곡으로
가는 것으로 짜여졌다. 연도에 2만여 중등학교 학생들을 포함해 30만의 시민이 운집했다.

애도 열기 가득한 가운데 묘한 긴장이 흘렀다.

온다!

술렁~~

국장 행렬이 단성사 앞을 막 지나갔을 때

한 학생의 선창을 시작으로

대한
독립
만세!

수십 명의 학생들이 태극기를 들고 격문을 뿌리며 만세를 불렀다.

만세—

순식간에

우루루

50여 명의 학생들이 체포되었다.

관수교 부근과
경성사범학교 앞과
훈련원 재전 부근,
동대문 부인병원 앞,
창신동 채석장 입구
등지에서도 학생들의
기습적인 만세시위가 있었다.

참가한 학생은 모두 500~600여 명.

210명이 검거되었다.

삼엄한 경계로 일반 시민들은 합세하지 못했다.

대한 독립 만세!

장례를 마치고도 철통 경계는 상당 기간 이어졌다.

검거를 피한 학생들은 제2차 만세운동을 기획하고 수만 장의 격문을 인쇄하는 등 준비했으나

6월 16일 경찰이 급습해 실패하고 말았다.

학생운동의 성장

교육열의 고조로 학생 수는 급격히 늘었다.

보통학교 학생 수는 1919년 9만 명에서 1931년 50만 명으로.

중등학교 학생 수는 같은 기간 4만에서 9만으로 늘었죠.

학생들은 민족 교육에 대한 요구가 높았고 교육 현실에 불만이 컸다.

동화정책을 기조로한 교육 정책이 여전하고.

조선인 학교와 일본인 학교의 차별이 심해.

일본인 교사들의 위압적 태도와 멸시도 못참겠고.

학생들은 동맹휴학(맹휴)으로 자신들의 요구를 관철하려 했다.

△△高等普通學

동맹휴학! 차별 교육 철폐! 민족 교육 실시!

1920년대 전반의 주된 이슈가 학내 문제였다면,

동맹휴학에 나서는 우리의 요구
-. 악질 일본인 교사 아무개를 파면할 것!
-. 조선인 교사를 채용할 것
-. …

이것들이!

후반의 맹휴는 정치성을 강하게 띠었다.

조선인 교육은 조선인 본위로

학생회 자치!

조선역사는 조선어로!

보통교육 의무

식민지 노예교육 철폐!

양적으로도 늘어 1927년 이후로는 해마다 70~80건씩 발생했다.

또?

몇몇 사례를 보자. 1927년 숙명여고보에선 교무주임이 조선인을 모욕하고,

조센진은 야만인!

왜? 뭐? 틀린 말 했어?

조선인 선생 10여 명이 일본인 교사로 교체됐다.

전체 교사 25명 중 조선인 교사는 이제 달랑 다섯 뿐.

학생들은 맹휴로 항의했다.

숙명여자고등보통학교

교무주임 즉각 파면하라

조선인 교사 채용 확대!

생도 대우 개선하라

나까시마 사감 면직하라!

同盟休

학부형 측의 중재로 5일 만에 재등교했는데

총독부 간섭으로 학교 측이 약속을 파기하자

변한 것은 없다. 헛바람들 빼고 학업에 열중토록.

학생들은 다시 맹휴에 들어갔고

우리의 요구가 관철될 때까지

동맹휴학!

가자! 집으로!!

학교는 1개월 휴교로 맞섰다.

그래! 집에들 가고 한 달 간 아예 나오지 말아랏!

· · · · ·

신간회 간부인
안재홍이 나서고

우리 신간회는
이 일에 관심이
무척 큽니다.

학부형회 대표들,

근우회,

졸업생 모임까지 나서서
항의하자

학교는 한발
물러서는 듯했다.

교무주임을
교무주임 직에서
물러나게
하겠소.

학생들이 등교하자

다시 뒤통수를 쳤다.

세상에!

4학년생
전원을?!

무기정학자 명단

학생들은 또다시
맹휴에 들어갔다.

우릴
뭘로 보고!

맹휴가 한 달이나 이어지자
마침내 학교 측이 물러섰다.

무기정학생 중 9명을
원상회복 시킨다.
조선인 여교사 9명을
새로 채용한다.
교무주임은 사직시킨다.

이때까지만 해도 학내 문제가
주된 쟁점이었지만

이겼다

함흥고보에선 달랐다. 2학년생 200여 명이 맹휴에 들어가자

학교 측은 강경 대응 방침을 내세웠다.

복귀하지 않으면 전원 무기정학에 처한다.

하지만 3, 4학년 학생들까지 가세하자 교장이 물러섰고, 일단락됐다.

교사 사퇴를 제외한 나머지 요구는 순차적으로 해결해 나갈 것을 약속한다.

校長

이때 학생들은 '학교는 식민지에 대한 학정을 합리화하고 기만하는 요새지이며 교사는 헌병이고 밀정'이란 요지의 진정서를 제출했다. 구체적인 요구 사항을 보자.

1. 학교를 식민지 정치의 한 기관으로 삼고 있는 것에서 해방하여
   자유로운 학문 선도의 장소로 만들 것
   (학생 요구를 본위로 교수할 것, 구두는 검은색이면 형태를 따지지 않을 것,
   급장은 학급의 호선으로 할 것 등을 세부 사항으로 요구함)
2. 중학 정도의 교육자로서 자격이 없는 자는 추방할 것
   (일본인 교사를 3명 지적하며 횡포한 교수법, 무성의한 태도, 학생 모욕 전력을 꼬집음)
3. 우리의 요구를 위하여 결행한 이번의 동맹휴학에 대하여 1인의 희생자도 내지 말 것

이듬해인 1928년 5월 학생들은 같은 요구를 내걸고 다시 맹휴에 들어갔다. 전교생으로 확대되자,

조용—

텅…

경찰이 개입했고 50명이 체포되었으며

15명이 기소돼 재판에 넘겨졌다.

피고 xxx 징역 6월.

전원이 8개월 이하의 실형에…

이때 함흥고보생들이 각 중등학교에 보낸 격문은 이후 항일 맹휴투쟁의 기준이 됐다.

1. 조선인 본위의 교육을 획득하자.
2. 식민지 차별적 교육제도를 타도하자.
3. 조일(朝日) 공학에 절대 반대하자.
4. 군사교육에 절대 반대하자.
5. 교내 학우회 자치제를 획득하자.

함흥고보의 맹휴는 인근의 함흥농업학교, 함흥상업학교의 연쇄 맹휴로 번지더니,

부산제2상업학교, 동래고보, 광주고보, 광주농업학교, 광주여고보, 진주고보, 진주농업학교의 동조 맹휴로 이어졌다.

군사교육 반대

식민지차별교육철폐

학우회 자치

조선인 본위교육

내거는 구호나 요구사항도 그렇고…

동맹휴학 투쟁이 전국적으로 번지는 데는 뭔가 있어.

이들을 조직적으로 지도하는 사회주의 계열의 조직이.

조선공산당부터 다 때려잡은 줄 알았는데…

치안유지법이 제정되고, 각종 집회는 금지된 시대.

전당포

미곡 상회

6·10만세시위를 주도했던 학생과학연구회는 치명적인 타격을 입었다.

주요 간부들이 거의 다 구속된 지라…

제3차 공산당 탄압 사건 이후 조직을 재정비한 고려공청의
학생부 위원은 이현상, 강병도, 최성환.

그들이 찾은 방법은 각 학교에
비밀독서회를 조직하는 것.

연구회를 재건하는 건
현실적으로 무리!

중앙고보, 배재고보, 휘문고보,
보성전문학교 등지에
독서회가 조직되었다.

사회주의 사상을
학습하고

대중투쟁도
지도할!

이들 독서회 조직들이
맹휴투쟁을 이끌었고,

우리 학교도
맹휴를!

3학년, 4학년을
중심으로 하고

구호는…

우리가 구속되면
2진을…

맹휴투쟁의 활성화는 더 많은
독서회 조직으로 이어졌다.

맹휴 기간에
뭘 하지?

독서 모임이
있는데.

자연스레 단위 학교나
지역을 넘어서는
학생비밀결사들이 나타났다.

△△학교
3학년
아무갭니다.

○○학교
4학년이고
1년째
독서 모임을
해왔습니다.

서울에서 조직된 ㄱ당은
조선학생과학연구회 회원들이
주축이 된 조직인데,

ㄱ당

맑스주의 연구와
학생운동의 통일!

서울과 지방에
세포단체를.

맹휴 준비 과정에서의
내부 갈등이 원인이 되어
경찰에 포착되었고 와해되었다.

서울파는 1927년에 조선학생혁명당을 조직했는데 1929년 조선학생전위동맹으로 개편했다.

조선학생전위동맹

제국주의 교육에 항쟁하고 노동자 농민의 조직자를 양성하며, 조선 학생의 당면 문제 해결과 조직화를 위해 투쟁한다.

50명이 넘는 비밀결사였습니다.

광주학생운동을 지지하는 활동을 하다

조직이 드러나 파괴되었다.

조선학생전위동맹에 대해 아는 것 일체를 말한다, 실시!

대구에선 대구고보와 대구중학의 독서회로부터 시작되어

적우동맹으로 발전했다.

적우동맹

일대 5개의 세포를 통합해 하나의 조직으로!

끝 무렵엔 회원 수가 2백 명에 이르렀죠.

대구고보의 일본인 교사가 역사 시간에 이순신을 적으로 발언한 데 대해 학생들이 항의했고

나라를 지킨 영웅더러 적이라니

공개사과 하시오.

학교 당국은 14명을 전학 조치했다.

장난해?

전학 대상자

그냥 넘어갈 수 없어. 동맹휴학을 단행하자!

그러다가 조직이 탄로날 수 있어. 신중해야!

대처를 둘러싼 논쟁은 조직을 세 갈래로 쪼개놓았다.

일우동맹
서광회
우리동맹

대구고보는 맹휴에 들어갔고,

교사사과 정학취소

인근 학교로 맹휴가 확산되자 경찰이 개입했다.

결국 대대적인 탄압으로 이어지면서 대구 지역 학생비밀결사운동은 끝이 났다.

105명을 검거하고 29명을 기소했지. 이 정도면 거의 일망타진!

탁 탁

수원농림고 학생들이 주축이 된 건아단은 민족주의 결사.

건아단

농민대중을 계발시켜 신조선을 건설하자!

농민야학, 한글 교육, 한국사 교육 등의 활동과

고구려
백제 신라

이상농촌 건설을 꿈꾸었다.

조선개척사를 조직해서 광대한 황무지를 개간하여…

그런데 김해농업학교 교사 김성원이 독립사상 고취 혐의로 체포되면서

독립사상 고취 혐의! 수원농림고를 나왔지?!

건아단 회원들과 주고받은 편지들이 나왔고

멀리서 후배들을 원격으로 조종하고 있었군 그래. 조선개척사를 만들어서 뭐?

10여 명이 검거되면서 건아단은 파괴되었다.

기숙사를 네놈들 아지트로 쓰라고 만든 줄 알아?

떡

동래의 혁조회는 무정부주의 비밀결사.

혁 조 회

함흥고보의 식민지 교육 반대 맹휴에 동조투쟁을 선동해 부산제2상업학교, 동래고보의 맹휴를 가능케 했다.

일본인 교장 사퇴!

조선어로 가르쳐라!

조일공학 반대한다!

특히 부산제2상업학교는 188명의 퇴학자, 198명의 무기정학자를 내며 한 학기 내내 맹휴가 이어졌지요.

참고로 전교생 수는 450명.

검문에서 한 회원의 조직 관련 메모가 발견되어 혁조회에 대한 검거가 시작되었다.

수사와 취조가 얼마나 혹독하게 진행되었는지

송치된 9명 중

대표였던 김규직은
예심 중에 옥사했고

양정욱, 유진홍은 병보석으로
가출옥했으나 병사했다.

나머지 회원들은 2~3년 형을
받거나 집행유예에 처해졌다.

이들을 죽음으로 몰고 간
고문 경찰은 노덕술.

순사보로
시작해
이때는
경부보,

악랄한 고문으로 악명 높은 그는
이후로도 부산 경남 일대에서
독립운동 탄압에 앞장섰다.

해방 전에
경시까지 진급하고
경찰서장도
했었지.

광주에는 성진회가 있었다. 성진회는
1926년 11월 광주고보와 광주농업학교
학생들 16명으로 결성되었는데,

성 진 회

5개월 만에 3명이 졸업하고
보안 문제 등이 더해져 학교별
독서회로 바뀌었다.

광주고보
독서회

광주농교
독서회

회원들은 1928년 6월부터 일어난 광주고보, 광주농업학교의 맹휴에 주도적으로 참여하면서 퇴학당하거나

투옥되기도 했다.

1년 뒤, 주도적인 창립 멤버로 일본에 유학 갔다가 중퇴하고 돌아온 장재성은

독서회 중앙본부를 꾸린다.

독서 모임들의 유기적 연계와 전진을 위해!

책임비서

조사선전부	조직교양부	출판부	재정부

각 학교별로도 중앙본부처럼 대표와 부서들을 두었고,

전체 규모는 광주고보가 5개 반 22명, 광주농교가 4개 반 18명, 전남사범학교가 5개 반 14명이었습니다.

안정적 재정 확보를 위해 장재성이 운영하는 빵집 옆에 문방구점을 열었다.

모임 장소로도 쓰고.

그러나 불과 3개월 뒤 독서회 중앙본부와 학교별 독서회도 해산했다.

왜 갑자기 해산 결정이 내려진 거지?

글쎄… 아무래도 보안상의 이유가 아닐까?

그리고 곧 광주학생운동을 만난다.

광주학생운동의 발단

시작은 어찌 보면 사소했다.
광주-송정리를 오가는 열차는

통학하는 조선인 학생인 광주고보 학생들과
일본인 학생인 광주중학교 학생들이 함께 이용했다.

양교 학생들은 종종 부딪혔다.

이런 건방진 조센진!

시방 뭐라 씨부렸냐? 쪽발아!

양교는 학생들 중에 각각 단장과 부단장을 두고 교직원이 감독부장을 맡아 사고 방지에 힘써야 했다오.

1929년 10월 30일 광주역을 출발해 나주역에 정차한 열차에서 30여 명의 승객이 내려 개찰구를 빠져나가는데,

일본인인 광주중학교 학생들 셋이 박기옥, 이광춘 등 조선인 여학생을 희롱했다…고 한다.

밀쳤다고도 하고

댕기를 잡아당겼다고도 하는데

일본인 학생들의 주장은 다르다.

바로 앞에 어린아이가 있어서 피하려고 여학생을 옆질러 갔을 뿐입니다.

이게 맞을 수도 있겠다.

하지만 뒤에 있던 박기옥의 사촌동생 박준채의 눈엔 희롱하는 것으로 보였다.

야! 거기서!

왜 예의 없이 조선 여학생을 희롱해?

뭔 소리야? 내가 언제?

야, 조센진! 다짜고짜 웬 시비야?

제 3자는 빠져!

빡

빠가야로!

싸움이 벌어지자 순사가 달려와 말렸다.

짜식! 너 오늘 운좋다. 내일 학교 빠지지 말고 꼭 나와라. 알았지.

이놈 봐라!

일본인 순사가 박준채의 뺨을 석 대 갈겼다.

짝 짝 짝!

다음 날 같은 시간 열차 안, 박준채는 일본인 학생들이 타고 있는 열차간으로 찾아갔다.

어제 그 자식 튀어 나와!

사과해라!

사과를 못 하겠다. 그렇다면,

미친 놈 아냐? 사과는 네놈이 해야지.

이거부터 먹어랏!

떡…

윽…또 선빵을.

11월 1일, 역으로부터 연락을 받은 광주중학교 통학감독부장은 관련 일본인 학생들을 불러다 경위를 듣고는

광주고보 통학감독부장에게 알렸다.

광주고보 통학감독부장은 박준채를 불러 경위를 듣고 훈계했다.

이날 하굣길의 역 대합실 곳곳에서 한일 양교 학생들 사이에 언쟁이 일었고,

승차 뒤엔 광주고보생 2명이 일본인 학생들이 있는 곳으로 가서 언쟁을 벌이다 도발했다.

양교 학생들이 모두 하차하여

선로를 두고 집단 대치했다.

양교 교사들이 달려오고,

경찰이 출동하면서 집단 싸움으로 번지지는 않았다.

해산   해산

이상의 과정을 살펴보면
조선 학생 측이 훨씬
도발적이다.

건들기만
해 봐라.

식민지 출신들 주제에
주눅들질 않네.

당당할 뿐만 아니라 일본과 일본인에 분노가 가득한 모습이다.

여긴 조선인데

왜 쪽발이들이 주인처럼 구냐고?

광주 학생들의 이런 분위기는 그동안의 싸움을 통해 길러진 것이다.

그 동안 광주 지역에선 맹휴투쟁이 많았지.

특히 우리 광주고보는 1923, 24, 27, 28년에 맹휴가 있었다고.

직전인 1928년, 광주고보생 이경채는

3종의 선언서를 작성해 등사한 뒤 광주고보, 광주시 번화가 등에 붙이고

조선독립선언

전남 지역 각 중등학교에도 보냈다.

이 일로 이경채 등 3명이 구속, 기소되었다.

최종 판결이 나기 전에 학교는 이들에게 퇴학 처분을 내렸고,

퇴학 명단

이경채

교장

학생들이 항의했다.

이경채를

부당퇴학 철회하라!

학교는 강경하게 대응했다.

어디서 집단행동이야? 주모자는 전원 징계한다.

학생들이 맹휴로 항의하자

학교 측은 더욱 강경한 조처로 대응해 학생들은 큰 피해를 입었다.

광주농업학교에선 한 일본인 교사의 사직을 요구하는 맹휴가 있었다.

이 일로 12명이 퇴학당하고 102명이 무기정학을 맞았으며

주동자는 체포되어 재판에 넘겨졌다.

이때 광주농업학교 학생들의 격문엔 이렇게 쓰여 있었다.

맹휴투쟁을 통해 광주 학생들의 민족의식은 성장했고, 일제 통치에 대한 반감 또한 자라나 있었다.

광주학생운동의 전개

11월 2일, 도 학무국에서 광주고보 교사들을 불러 경위를 듣고 잘 단속할 것을 지시했다.

11월 3일은 일요일이자 메이지 천황이 태어난 명치절. 거리마다 일장기가 나부꼈고

각 학교도 기념식을 위해 학생들을 등교케 했다.

교사들이 역에 배치돼 만일의 사태를 대비했다.

11시경, 기념식을 마치고 돌아가던 양교 학생들이

우편소 앞에서 충돌했다.

수세에 몰린 광주중학교 일본인 학생들이
달아나자 광주고보생들이 뒤쫓았고

거기서!

역전에서 다시 충돌했다. 부상자가 여럿 발생했다.

퍽 퍽 퍽

순사와 교사들의 제지로 잠시 흩어진 학생들은

해산! 집에들 가!

자리를 옮겨 다시 대치했다.

경찰, 소방대까지 출동하고서야
학생들은 흩어졌다.

학교로 돌아온 학생들은 방법을 논의한 뒤 무장을 하고 교문을 나섰다.

광주농업학교 학생 300명도 시위대를 이루어
노래를 부르며 시내로 진출했다.

광주여고보생, 광주사범학교 학생들도
더러 시위대에 참여했다.

경찰의 경고마저 무시하며
시내를 행진한 시위대는

부상 학생들을 입원시키고
나서야 해산했다.
광주 시내가 한바탕
들썩인 하루였다.

광주중학교는 휴교 조치됐고

경찰은 조선인 학생들 검거에 바빴다.

일본인 학부형들은 도지사, 경찰부장 등을 만나 강력히 항의했다.

광주 학생들의 시위는 전국적 이슈로 부각되었다. 신간회 중앙본부의 허헌, 김병로, 황상규 등이 내려왔고,

중앙청년동맹, 조선학생과학연구회, 조선학생회 등에서도 진상 조사를 위해 조사원들을 보내왔다.

광주 지역 청년운동의 리더인 장석천과 장재성 등은

이들을 만나 학생운동의 전국적 확산을 꾀했다.

신간회 측도 동의했다.

비용은 우리가
책임지겠소.

독서회들을 통해 학생들과는
제2차 시위를 벌이기로 했다.

11월 9일 광주고보와 광주농업학교에서 학생들이 교문 밖으로 나오며 가두시위가 시작되었다.

광주사범학교와 광주여고보는
학교 측의 방해로 합류하지 못한 채
교내시위를 벌였다.

미리 준비한 격문이 뿌려지고

식민교육 반대한다

학생 대중아 궐기하자!
검거자를 즉시 석방하라!
교내 경찰 침입을 반대하자!
교우회 자리권을 획득하자!
조선인 본위의 교육제도를 확립시켜라!

조선 민중아 궐기하자!
청년 대중아 죽음을 초월해 투쟁하자!
검거자를 탈환하자!

학생들은 구호를 외치며 거리를 행진했고

구속 학우 석방하라!

사방에서 포위해온 경찰이 검거를 시작하면서 제2차 시위는 끝이 났다.

광주고보도 광주농업학교도 무기한 휴교에 들어갔고

휴교
사정상 무기
휴교함!
- - - - - - - -
교장

학생 주동자들뿐만 아니라

장재성 등 청년 운동가들도 속속 검거되었다.

광주 학생들에 대한 연대시위는 목포상업학교에서 먼저 조직되었다.

싸웁시다!
나가자!

광주의 학우들과 함께 싸웁시다!

뭐, 뭐얏?
자리에 앉아!

시위는 진작 광주로 가서 장재성을 만나고 돌아온 독서회원들에 의해 준비되었다.

연대투쟁을 통해 광주학우들에게 외롭지 않다는 걸 알려주자.

11월 9일 목포상업학교 조선인 학생 100여 명은 적기를 들고 시위에 나섰다.
목포역으로 향한 시위에는 사회주의적 색채가 가감 없이 드러났다.

학생 32명과 청년 운동가 10여 명이 검거됐다.

그런데도 11월 22일 다시 가두시위를 벌였다.

두 차례 시위로
36명의 학생이 구속되었다.

11월 27일에는 나주의
농업보습학교와 공립보통학교
5, 6학년 학생들이 연합시위를 벌였다.

12월에 들어서면서
시위는 전남 지역을 넘어
전국화된다.

광주학생운동의 전국화

광주 학생들의 시위는 연일 대서특필되어 전국적 관심사로 떠올랐다.

광주학생들이 조선의 기개를 보여주는구만.

그러나 제2차 시위 이후 총독부는 보도를 통제했고

그 기사 빼!

갖가지 유언비어가 떠돌았다.

일본군이 광주에서 학생들을 죽였대.

여학생의 코를 베고…

학생시위의 전국화를 위해 상경한 장석천은 신간회, 조선청년총동맹 등을 접촉했고,

조선청년총동맹, 조선학생전위동맹은 독서회 등을 통해 서울의 학생시위를 계획해갔다.

각 학교의 대표자들은 각 학교의 사정에 맞춰 시위를 일으킨 뒤 연합시위를 벌입시다.

학교별 시위는 맹휴 선언, 광주 상황에 대한 연설, 시가행진으로!

구호는 '식민지 노예교육 반대' '광주사건 학생 석방' '학우회 자치 보장'으로.

경찰에서 저지를 하면 종로로!

조선청년총동맹이 작성한 격문을 보면 당시 떠돌던 유언비어의 윤곽이 보인다.

피압박 민중 제군에게 격함

… 일본 제국주의의 야수들이 암암리에 매장, 소멸시키려 했던 재래의 학살 방법보다
한층 조직적이고 더욱 계획적인 광주 조선인 대살육 음모 사건을 알고 있는가?
피압박 민중 제군! 흉포 무쌍한 일본 제국주의의 의식적 의도인
광주 조선인 대학살 음모의 한 단면을 들어보라.
… 재향군인단을 비롯해 일본 제국주의의 변견인 소방대, 청년단,
전남청년단연합회, 소·중학교 부형회 등 모든 반동 집단을 총동원하여
광주 조선인의 최후 1인까지 모두 학살, 소멸시키려는 음모를 꾸미고 있다.
… 무장 학살 도당인 소방대는 그들의 야수적 무기! 쇠갈고리와 곡괭이로…
그들은 소·중학 아동까지 단도를 휴대시키고 조선인을 만나자마자
마구 찌르게 하였던 것이다.

서울로의 시위 확산을 막기 위해
경찰은 사전 단속에 힘을 쏟았지만

시위를 막지 못했다. 12월 5일 경성제2고보생 300명이
먼저 나섰다.

6일엔 중동학교가,

7일엔 경성제1고보,

8일엔 배재고보.
이렇게 산발적으로 전개되던 시위는

12월 9일 경신학교, 보성고보, 중앙고보, 휘문고보, 남대문상업학교 등이 참여한 대규모 연합시위로 발전했다.

경찰이 적극 진압에 나서 이날에만 1,200명이 검거되었다.

고개 숙엿!

거기 수군거리지 마!

학생들은 교내시위로 방향을 전환했다. 10일에 기독교청년학관, 근화여학교, 배재고보, 숙명여고보, 협성실업학교, 휘문고보가,

식민지 노예교육 반대한다

高等

11일엔 경성여자상업학교, 동덕여고보, 실천여학교, 정신여학교, 진명여고보가 시위를 벌였다.

이에 각 학교들은 휴교에 들어갔고,

휴교

경성농업학교, 고등예비학교, 법정학교, 전기학교, 배화여고보, 간이공업학교, 중앙보육학교, 청운보통학교, 선린상업학교, 경성의전, 법학전문학교, 세브란스의전 등은 맹휴에 나섰다.

지방에서도 연대투쟁이 이어졌다. 평양의 숭실전문학교, 광성고보, 평양여고보, 함흥의 함흥고보, 함흥농업학교, 강원도 춘천고보, 경남 동래고보, 개성 송도고보, 인천상업학교 등등 학생들은 시위투쟁이나 맹휴, 백지동맹 등 다양한 방식으로 싸워나갔다.

백지동맹이란 집단적으로 시험에 답안 쓰기를 거부하고 백지로 제출하는 투쟁방식입니다.

신간회는 서울에서 민중대회를 열기로 하고 준비하다가 중앙간부들이 대거 검거되었다.

해가 바뀌어도 학생들의 투쟁은 사그라들지 않았다.

진원지인 광주고보는 백지동맹을 이어갔고,

科學試驗
09:00 - 09:50

광주농업학교 학생들은 만세시위를 준비하다가 36명이 치안유지법 위반으로 기소되었다.

광주여고보도 백지동맹을 하자 경찰은 이를 주도한 소녀회 회원 12명을 검거했다.

우리 소녀회 벗들입니다.

서울의 학생들도 싸움을 이어갔다.

이화여고보와 휘문고보를 중심으로
연합시위가 추진되어

1월 15일 5개의 남학교, 10개의 여학교에서
동시다발로 시위가 벌어졌다.

교내에서 시위를 벌인 후 가두 밖 진출을
꾀했으나

100여 대의 차량까지 동원한 경찰의 저지로
대부분 실패했다.

콩밥 먹기 싫으면
교문 안으로 들어갓!

다만 경신학교 등 일부 학교는
저지를 뚫고 가두시위를 벌였다.

이제 학생들은 비밀결사나 외부 단체의 도움 없이 스스로의
역량으로 투쟁을 전개해나갔다.

제국주의
타도!!

광주학생
석방만세!

광주학생항일운동 격문

'학생 대중아 궐기하자!'

검거자를 즉시 우리들이 탈환하자!
검거자를 즉시 석방하라!
교내에 경찰권 침입을 절대 반대하자!
교우회 자치권을 획득하자!
직원회에 생도 대표자를 참석시켜라!
조선인 본위의 교육제도를 확립시켜라!
민족문화와 사회과학 연구의 자유를 획득하자!
전국학생대표자회의를 개최하라!

'조선 민중아 궐기하자!'

청년 대중아, 죽음을 초월하여 투쟁하자.
검거자를 즉시 석방하라.
검거자를 탈환하자.
재향군인단의 비상소집을 절대 반대한다.
경계망을 즉시 철폐하라.
소방대 청년단을 즉시 해산하라.
만행한 광주중학교를 즉시 폐쇄하라.
기성의 학부형위원회를 분쇄하라.
학부형회를 즉시 소집하라.
집회·출판·결사의 자유를 획득하자.

광주학생항일운동 당시 뿌려진 격문으로, 학생들을 대상으로 한 것과 일반인을 대상으로 한 것으로 나뉜다.

원산총파업

일제강점기에 발생했던 사상 최대 규모의
파업으로 1929년 1월부터 4월까지
2,200여 명이 참여했다. 일본인 감독관의
민족적 멸시와 차별에 대한 반대로 시작되어
8시간 노동, 최저임금제 확립 등의 요구를
내걸었다.

강주룡

평양에서 고무공장의 여공으로 일하던 중
노동자들의 임금 삭감 요구에 반대하며
1931년 5월부터 평원고무공장 파업을
주도했다. 일본 경찰의 탄압에 맞서
높이 12미터에 달하는 을밀대 지붕으로
광목을 찢어 만든 줄을 타고 올라가
단식투쟁을 벌였다.

원산

평양

경성

제5장

민중들의 투쟁

민중들은 각자의 자리에서 일제에 반기를 들기 시작한다.
노동자들은 파업으로, 농민들은 소작쟁의로 단결하여 일제의 차별에 대항한다.
백정들은 오랜 사회적 차별에 맞서고,
여성들은 봉건적인 남성 위주 사회에 목소리를 낸다.

근우회 창립

신간회 창립에 발맞춰 사회주의 그룹과 민족주의자
그룹이 연합해 근우회를 창립했다. 서울에 본부를 두고
전국 각지와 일본 등에 지부를 두었으며 회원 수가 한때
3,000명에 이르렀다. 여성에 대한 법률적 차별 철폐와
결혼의 자유, 부인 노동의 임금 차별 철폐 등의
행동 강령을 제정하고 강연회, 여성노동운동 지원 등의
대중 사업을 진행했다.

1928	근우회 출범	1929	광주학생항일운동	1930	평양 고무공장 노동자 파업
	장제스, 북벌 완수		대공황		런던군축회의

노동운동의 성장

1921년 5만에 못 미쳤던 공장노동자의 수는 1931년 10만을 넘어섰다.

건설, 운수 쪽 노동자들을 합하면 20만이 넘고요.

1920년대를 지나며 임금이 꽤 올랐지만 대공황을 맞아 급격히 하락한다.

이거 가지고 어찌 살라고?

어허! 그거라도 받을 수 있는 것에 감사해야지.

경기가 좋을 땐 일본인 노동자와의 임금격차가 다소 줄어들었지만, 불경기엔 더욱 벌어졌다.

대체로 절반 이하.

여성은 다시 남성의 절반.

노동자의 상당수는 '함바'나

움막,

죽을 둥 살 둥 일해도

그도 아니면 토굴이나 다리 밑 등에서 거처했다.

왜 그런 지 아오?

이 현실을 벗어날 수 없으니 …

이러한 현실은 노동자들이 노동운동에 관심을 갖고 많이 참여하도록 만들었다.

우리의 노동을 일본 자본가들이 착취해서 자기들의 배만 불리기 때문이지.

우리가 마땅히 받아야 할 몫을 우리가 단결해서 힘으로 찾아야!

1920년대 중반 이후 노동운동에서 사회주의의 영향력은 압도적이었다.

무산계급 해방만세!

노동자의 전국적 대표 조직으로는 조선노동총동맹이 있다.

조선노동총동맹

조선노농총동맹에서 1927년 노농이 분리되면서 성립되었죠.

사실상 조선공산당의 장악 아래 있었지.

그 때문인지 노동자의 정서나 일상적 요구엔 무관심한 채 지나친 이데올로기적 경향을 띠었다는 비판을 받습니다.

조선공산당의 파벌 싸움이 조선노동총동맹에 그대로 재현되기도.

노동자들의 의식화와 단결의 중심은 역시 노동조합.

○○○ 노동조합

노동조합은 회보나 벽신문,

노동자의 함성

강연회, 토론회 등을 통해 노동자들에게 계급의식, 민족의식을 고취하고 야유회, 운동회 등을 통해 단결을 공고히 했다.

노동운동에 대해 총독부는 철저히 친자본의 입장에서 탄압 일변도로 나왔다.

정치적 성격의 쟁의에 대해서는 물론이고

순수 경제적 성격의 쟁의에 대해서도 적극 개입해 파괴하려 들었다.

노조 사무실은 물론 노동자들이 모이는 회관이나 야학당 같은 곳은 집중 감시의 대상이 되었고,

노동자들이 주최하는 각종 집회, 강연회 등도 금지되거나 감시당했다.

파업을 결행할 경우 노조 지도부의 해고는 기본,

체포, 구속, 가택수색, 투옥 등을 당연한 수순으로 여겨야 했다.

그런데도 파업투쟁은 해를 더할수록 확대되었다.

10,523
6,751
참가인원
119
44
파업건수
'24 '25 '26 '27 '28 '29

한 달이 넘는 장기 파업이 많았고,

공장 습격 같은 전투적 양상도
파업 과정에 나타나곤 했다.

이 시기 몇몇 대표적인
파업투쟁을 살펴보자.

목포제유공장은
일본 자본으로 조선
최대 규모의 시설을 갖춘
제유공장.

조선면화회사
조선방적회사
조선정미소 등이
같은 자본으로

한마디로
목포 일대의
최대 자본이죠.

1926년 1월 목포제유공장 노동자들은 얼마 전 목포 자유노동자들의
쟁의 승리에 크게 자극받았다.

임금이 50%나
인상됐대.

이대로
가만 있으면
우리만 바보지.

긴급 소집된 조합 임시총회에서 파업이 결의되었다.

노동자들이 파업에 들어가자

회사는 파업 노동자들을 대거 해고하는 한편 새로이 노동자들을 모집키로 한다.

누구 맘대로?

노동자들은 규찰을 강화하고,

신규 직공 모집은 우리가 막는다.

매일 밤 조합 사무실에 모여 농성을 벌였다.

그러나 회사 측은 버티기로 일관했고

여기서 밀리면

다른 회사들로 옮겨붙을 텐데 안 되지.

파업은 장기화에 들어갔다. 어느새 목포제유공장 파업은 세간의 이슈로 떠올랐다.

목포제유공장.

한 달이 훌쩍 넘었네.

대단하네.

파업이 2개월에 이르자 회사는 150명의
농민들을 뽑고 몰래 데려다 일을 시켰다.

소식을 들은 파업 노동자들은 수십 명의
새 노동자들을 공격했으며,

결사대를 조직해 공장을 습격했다.

그러나 결사대들은 현장에서 전원 체포되어
구속되었고,

70여 일을 끌었던
파업은
패배로 끝났다.

일본인 기사들이 한국인 우차부를 구타해 중상을 입힌 일이 발단이 된

영흥의 흑연광산 노동자들의 파업투쟁도 격렬했다. 1927년 9월 흑연광 광부 220명은 영흥노동연맹 산하 광부조합의 지도 아래 파업에 들어갔다.

5리 정도 떨어진 흑석령의 노동자 100여 명도 같은 요구를 내걸고 파업에 동참했다.

영흥의 각 단체가 지지를 표명했고,

원산노동연합회는 파업 동정금을 후원했다.

회사는 새로이 노동자들을 모집해 파업을 파괴하려 하는 한편 파업 노동자들을 향한 협박도 잊지 않았다.

경찰은 처음부터 노골적으로 회사 편을 들고 나왔다.

경찰이 파업 주도자들을 검거하는 등 강경한 입장을 취하자

영흥노동연맹 산하 영흥 인쇄공노조, 운수노조, 우차부조합 등 500여 명도 동조 파업을 벌였고,

영흥읍 9개 공장노동자들도 동조 파업에 들어갔다.

이에 영흥의 고용주들이 긴급히 회의를 갖고 이렇게 결정했다.

경찰도 자본가들의 입장을 받아들여 구금한 노동자들을 풀어주었고

부분적 임금 인상을 중재하기도 했다.

최초의 지역 총파업이기도 한 영흥 지역 파업은 그렇게 승리로 마무리되었다.

원산총파업

원산의 문평제유공장은
영국인이 경영하는 석유회사.

지배인을 비롯한
주요간부진은 모두
우리 일본인이었지.

1928년 9월 일본인 감독이
조선인 노동자를 구타하자

120명의 노동자들이
파업을 벌였다.

악질감독 파면!

노동조건 개선하라

문평제 노동···

20여 일간 파업이 이어지자
회사가 이를 받아들였다.

OK!
받아들인다.
작업에 복귀하라!

그러나 말뿐, 3개월이 지나도록 약속은 실현되지
않았다.

폭행한 감독도
그대로 있고.

도리어 일체의 노동단체를 교섭 주체로
인정하지 않을 뿐만 아니라

원산노동연합회?
내가 니들을
왜 만나?
노동조합도
인정 못해.

경찰을 사주해 파업 주동자들을 검거토록 했다.

파이팅!

이에 원산노동연합회(원산노련)는
파업을 결정함과 아울러

연대, 후원 조처를 취했다.

원산부두 노동자들은
문평제유의 화물을
취급하지 말 것!

원산노련 산하 조합원은
매일 5전 씩 모아
파업자금을 충당할 것!

1929년 1월 문평제유 노동자들은 사전 결정한 요구 조건을
내걸고 파업에 들어갔다.

8시간노동제
실시하라

최저임금제
실시하라!!

감독파면

대우
개선

단체체약
보장하라

원산 부두노조도 운수회사들에
임금 인상을 요구함과 아울러
문평제유 화물을 거부했다.

문평제유 화물은
싣지도, 내리지도
않습니다.

임금
인상

원산상업회의소는 원산노련과의 전면전을 내걸었다.

우리는 원산노련 회원은 쓰지 않는다.

인천, 단둥 등지에서 새로 노동자들을 모집할 것이다.

이에 따라 회사들은 파업 참가자들에 전원 해고 조치를 내렸고

해고!

원산노련은 총파업으로 맞섰다. 산하 2,200여 명이 총파업에 나섰다.

원산두량노조, 해륙노조, 결복노조, 운반노조, 제면조합, 원산증사조합, 양복직공조합, 우차부조합, 인쇄직공조합, 양화직공조합이 참가했지.

언론은 원산대쟁이라고 부르는군.

경찰은 원산노련 간부들을 구속하고

400명의 일본인 재향군인과 청년회 회원, 소방대원 들이 동원되었다.

또한 함흥보병대 군인 300명이 무장 시가행진을 하자 공포 분위기가 조성됐다.

원산노련이 톤을 낮춰 유화적 태도로 나왔지만

상공회의소 측에 공동연설회 개최를 제안하는 바이다.

그리고 시민불편 해소를 위해 인쇄, 제면, 차량, 양복, 양화 노조는 파업 중단을 결정한다.

상공회의소 측은 꿈적도 하지 않았다.

됐고!

우리는 원산노련이 굴복할 때까지 끝까지 간다.

그래, 기회에 끌칫거리 원산노련을 완전히 박살내는 거야.

투재앵 투쟁!

파업은 장기화되었다.

전국 각지의 노동단체, 농민단체, 청년단체들의 후원이 쇄도하고

승리 기원

경성청년 ....

투쟁 승리 ....

최후승리의 그날까지

일본, 소련, 중국, 프랑스 노동단체들의 격려가 답지했지만

1만여 파업 노동자 가족들은 굶주림에 내몰렸다.

상공회의소는 일체의 타협을 거부하는 한편

타협? 흥! 제깟놈들이 앞으로 얼마나 더 버티겠어. 다시는 파업할 생각도 못하게 만들어 주지.

폭력배들을 모아 함남노동회라는 어용단체를 조직했다.

검거된 간부들을 대신해 새로 구성된 원산노련 지도부는 점차 타협주의로 흘렀다.

아무래도 이기기는 힘들 듯하고 피해라도 최소화하는 게...

맞소. 관계당국에 원만한 해결을 청하고 타협안도 준비합시다.

고용주들 중 중소 조선인 자본가들은 새 원산노련 지도부의 타협 제안에 응했다.

그런 정도라면 수용하리.

조선인 객주조합을 비롯해 상점에 소속된 노동자들은 그렇게 일터로 복귀했다.

미안하오.

여전히 고압적인 회의소 측은 회유, 분열 작전으로 나왔다.

원산노련을 탈퇴하고 함남노동회에 가입하면 해고를 취하하고 다시 일할 수 있게 해주지.

어서 와. 문은 언제나 열려 있어. ㅋㅋ

분개한 일부 노동자들은
함남노동회로 달려갔다.

무장 경관, 기마 헌병이 출동해
40여 명을 체포했다.

그것으로 3개월을 이어온 원산총파업은 끝이 났다.

비록 패배로 끝났지만
원산 지역 일제식민 권력,
일본 자본, 일본 언론,
일본인 민간단체
전체를 상대로한
원산 지역 노동자들의
치열한 싸움이었죠.

시꺼!

이어지는 파업투쟁들

원산총파업 이듬해인 1930년에도
주목할 만한 파업투쟁이
여러 차례 일어났다.

1930년 1월 부산에선
조선방직 노동자
2,270명이 참가한
파업이 벌어졌다.

경찰은 즉각 파업 지도자들을 체포했고

회사는 공장 문을 닫아 통근 노동자와
기숙사 노동자의 연계를 차단했다.

그러자 기숙사 노동자들이
맹렬한 탈출투쟁을 벌였고,

파업단은 규찰대를 두어 이탈을 막았다.

부산의 노동자들도 구원금 모금, 지지시위 등으로 응원을 보내주었다.

그러나 해고와 체포가 이어지고, 끼니 걱정으로 이탈자가 늘면서

파업은 열흘 만에 종료되고 말았다.

함경남도 신흥군의 장풍탄광에선 가혹한 노동 조건으로 인해 재해가 많이 발생했다.

1930년 5월 노동자들은 아침 교대 시간을 이용해 파업에 돌입했다.

파업위원회를 조직하고 그 지도 아래 500명의 노동자가 일사불란하게 움직였다.

회사의 태도에 노동자들은 더욱 격앙했다.

노동자들은 밤을 기해 탄광 근처 삼림에 집결해서는

탄광 시설, 사무소를 습격해 파괴했다.

뒤탈은 컸다. 이 일로 수백 명의 노동자가 검거되고 100여 명이 함경남도 경찰부에 넘겨졌다.

고무신이 민중들의 사랑을 받은 이 시기에는 대도시마다 고무신공장이 많았다.

평양의 고무공장 공장주들은 임금 인하를 공동 결의했고,

1930년 8월 5개 공장 1,000여 명의 노동자들은 동맹파업으로 대응했다.

이틀 뒤엔 다른 공장들까지 합세하면서 파업 규모가 1,800명으로 확대되었다.

할 수 없이 공장주들이 신간회 등의 조정에 응하면서 타협 분위기로 가고 있었는데,

자! 그럼 이것으로…

경찰이 개입했다.

잠깐! 신간회는 빠져. 우리가 중재할 테니.

우리의 조정안은 말이야 … 웬만하면 사장님들 안을 따르란 거야. 알아들어?

다들 콩밥 먹고 싶은 건 아니지? 앙?

협상에 나선 전권위원들이 협박에 굴복해버리자 파업 노동자들은 분노했다.

전권위원들을 전원 불신임한다!

옳소!

우리의 정당한 요구를 가로막은 경찰에게 항의하러 갑시다!

됐고, 우리가 중재한 타협안은 유효하며 앞으로 여러분의 모든 집회는 금지한다!

회사들은 조업 재개를 선언하고 새로이 노동자들을 뽑기 시작했다.

공원 大 모집!!
○○○ 명
……
○○고무 ○○고무
△△고무 △○고무
×○고무 ○×고무
×○고무 △×고무

분노한 일부 노동자들은 공장을 습격해 기계를 파손하는 등 격한 움직임을 보였으나 복귀 노동자가 늘어나면서 파업은 결국 실패하고 만다.

자신감을 얻은 공장주들은 이듬해 재차 임금 인하를 시도한다.

좀 혼란이 있겠지만 인하만 된다면야 이익이 승승

좋지ㅋ

먼저 임금이 인하된 공장의 노동자들은 단식동맹을 맺어 공장을 점령하고 농성에 들어갔는데…

단식동맹

뭐, 뭐야?

젊은 에미나이가 왜 저기에?

여성노동자 강주룡은 을밀대 지붕 위에 올라가 연설을 시작했다.

저 악독한 고용주들의 행태를 보십시오. 우리 무산자들은 단결하여 싸워야합니다.

취재하러 달려온 〈동아일보〉 기자에게 그녀는 이렇게 말했다.

우리는 파업단 49명의 임금 감하를 크게 여기지 않습니다. 이것이 결국은 2,300명 고무 직공의 임금 감하의 원인이 될 것이므로 우리는 죽기로 반대하는 것입니다.

2,300명 우리 동무의 살이 깎이지 않기 위해 내 한 몸덩어리가 죽는 것은 아깝지 않습니다. 끝까지 임금 감하를 취소하지 않으면 나는 근로대중을 대표하여 죽음을 명예로 알 뿐입니다.

8시간 만에 끌어내려진 강주룡은
단식투쟁을 하며 맞섰다.

풀려나 돌아가서는 자신을 포함한 주도자들 상당수가
해고돼야 했지만 결국 임금 삭감안을 철회시켰다.

임금 인하는
실패했지만
저 것들을
잘라냈으니
위안삼아야지.

에잇!
독한 것들!

어려서 간도로 이주해
스무 살에 결혼하고

남편과 함께 독립군 부대에도
얼마간 있었다.

남편이 병사하자
친정으로 돌아와
고무공장 노동자로 일해왔다.

적색노조 활동에도 참여했던 그녀. 단식의 후유증이었을까, 극심한 소화불량과 신경쇠약으로
고통받다가 1932년 8월 빈민굴에서 31세의 나이로 삶과 이별했다.

농민들의 투쟁

지주의 힘이 강화되면서 고율 소작료는 여전했고,

각종 비용이 소작민에게 전가되었다.

자작농은 갈수록 줄었다.

미래가 없는 농민들의 가슴을 파고든 것이 사회주의자들의 토지혁명론이었다.

1926년 6월 조선공산당 선언서를 통해 조선공산당은 이렇게 주창했다.

… 대토지 소유자, 은행, 회사의 토지를 몰수해 국가 토지와 함께 농민에게 분배한다.

코민테른의 12월 테제는 토지혁명을 더욱 강조한다.

… 조선혁명은 토지혁명이어야 할 것이다. 이렇게 하여 제국주의 타도 및 토지 문제의 혁명적 해결을 가져온다. 이것이 실로 조선혁명의 발달 제1단계에서의 주요한 객관적 실질이다.

이 의미에 있어서 조선혁명은 민주적 부르주아혁명이다. 농지혁명의 전개 없이는 민족해방투쟁의 승리를 얻을 수 없다.

토지혁명론을 앞세운 '토지는 농민에게'라는 사회주의자들의
구호에 농민들은 공감했다.

에이~
말이 안돼.

뭐가 안돼?
사실 그 말이
정답이지.

그래
땅이야
농민들에게
필요하니까.

말은 좋지만
되겠수? 지주들이
얼마나 센데.

뒤엔
일본놈들이
떡하니
버티고
있고.

농민들은 소작쟁의를 비롯한
각종 투쟁에 적극 나선다.

전주에 본점을 둔 이엽사는 일본인 지주들이 세운
식민 농업회사.

1927년 현재
우리 이엽사는
전주의 삼례농장,
익산의 황등농장,
옥구의 서수농장 등

3개 농장에
1,200 정보를 소유하고
1,700 명의 소작인을
통해 경작했지.

1 정보가 3천 평인 건
알고 있지?

옥구농민조합은 농장 측에 조합료
인하를 요구했지만 거절당한다.

75%나 내고나면
우리 뭘 먹고 삽니까?
40~50%으로
낮춰주시오.

그렇겐
못 하겠는데.

농민조합을 조직하고
농장과의 협상에 나선 이는
장태성.

전주고보에서
동맹휴학을
주도했다가
퇴학당한
청년.

그는 소작료 불납 결의를 이끌어냈다.

소작료!

불납!

그러자 경찰이
장태성을 체포해버린다.

저런 썩을 놈들을 봤나? 그러게 경찰은 지주랑 한 몸이라니까.

일본인 지주에 일본 경찰이잖아.

그나저나 우리 장태성 위원은?

군산경찰서로 압송하려고 주재소에 유치해두었대.

가세! 구출해야지!

분노한 농민 500여 명은 임피역 주재소와 서수 주재소를 습격한다.

장태성 내놔라

콩꽈당

장태성을 구출하는 데는 성공했지만

뒤탈이 컸다. 80여 명이 체포되고 34명이 재판에 넘겨졌다.

물론 장태성도 다시 체포됐고ㅋ

불이흥업주식회사도 전형적인 식민지 농업회사. 1918년 각지에서 1,500여 호의 소작 농민을 모집해

제대로 벼농사가 될 때까진 소작료가 없고, 그 뒤로 낮은 소작료에다 10년 동안 소작권을 보장한다. 개간에 필요한 경비도 물론 우리가 지급한다.

이들의 노동력과 동척의 자금으로 5,000정보의 간척지를 개간했다.

캬! 좋구나!

그러나 개간비도 제대로 지급하지 않았을 뿐 아니라

도시락 싸가지고 나와서 일했다네.

논이 자리 잡자 약속을 깨고 고율의 소작료를 부과했다. 농민들은 쟁의로 맞섰다.

첫 번째 쟁의는 1925년에 있었다.

농장 측은 강경하게 나왔다.

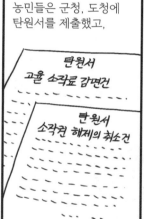

농민들은 군청, 도청에 탄원서를 제출했고,

당국의 조정으로 농민들의 요구는 관철되었다.

제2차 쟁의는 1927년 초에 있었는데 이때도 탄원서 제출과 관계 당국의 조정으로 마무리되었다.

다만 이때 농민들은 소작인대회를 열어 불이농장 소작인조합을 불신임하고 용천소작인조합을 결성했다.

제3차 쟁의는 원산총파업에 뒤이어 일어났다.

불공평한 간평과 고율의 소작료 부과 그리고,

소작료 징수시 엉터리 계량이 원인이었다오.

한되

소작료 불납을 결의한 용천소작인 조합은 탄원서를 군청, 도청, 총독부에 제출하는 한편,

탄원서

서울 불이흥업 본사와 도청에서 시위 농성을 벌였다.

소작료 안하! 공정한 간평!

이때 조합장 황관화가 사장과 만나 신소작계약안을 타결하고

소작료는 5.8할, 소작 기간은 3년, 수세는 농장측 부담 등.

이를 권유해 나섰다.

이 정도면 솔직히 괜찮은 조건이니 계약하게나.

......

회사 측은 강경한 자세로 나왔고,

소작료 미납자와는 소작 계약을 맺지 않는다. 소작을 계속하고 싶으면 미납금부터 상환해라.

농민들은 도청을 찾았고 단식투쟁으로 미납금 상환 요구를 철회시켰지만 황관화의 타협안을 받아들여야 했다.

자! 싸인하고.

이듬해인 1930년 회사는 또 다른 걸 들고나왔다.

앞으로 소작권 매매를 일체 금지한다. 매매자의 소작권은 즉시 박탈될 것이다.

장난해? 우리가 개간비까지 부담하며 개간한 땅으로 일반 소작권과는 다르다고.

소작권 매매를 인정할 수 없다면 개간비를 내놔야지.

농민들은 불경동맹을 결의하고 이를 어긴 소작인을 응징하는 한편,

이 배신자!

농장의 화물 운반차와 궤도를 파괴하는 등 폭력투쟁 양상을 드러냈다.

경찰은 주모자 18명을 검거하고

회사는 소작권 이동과 관련해 반 발짝 양보하는 제스처를 보였지만 사실상 농민들은 패배자가 되었다.

친척 간의 소작권 이동은 인정해 줄게.

이후 용천소작인조합 내에선 조합의 혁명화 움직임이 일었다.

조합장 황관화의 개량주의적, 타협주의적 태도로 조합원들의 뜻이 무시되고 있소.

조합부터 바로잡아야.

백용구 등 사회주의자들은 조합장 중심제를 집행위원제로 바꾸고 집행위원회를 장악했다.

집행위원회 결정으로 황관화를 제명한다.

제5차 쟁의는 새 지도부의 주도로 일어났다.
1931년 추수 시 쌀로 부채를 갚았는데

쌀 값 한 석당 8원 씩으로 계산해 부채를 변제한다.

OK?

네, 확인해 넣으세요.

대공황의 여파로 쌀값이 하락하자 지주들은 이를 반영하려 하였다.

쌀 값이 6원으로 내렸다. 그러니 6원으로 다시 계산해서 부족분을 추가로 청구한다. OK?

No!

소작인조합은 대회를 열고 이렇게 결의했다.

선행 조건으로 개간비를 지불할 것!

소작권 매매를 전면 승인할 것!

채무 지불을 유예할 것!

개간비 때문에 빚을 진 거거든.

받아들여지지 않으면 소작료 납부를 전면 거부할 것이다!

회사 측은 경찰의 엄호 아래 폭력배를 동원하여 납부를 거부한 자들을 결박하고

탈곡 현장에서 강제로 수확물을 가져갔다.

분노한 소작인들이 달려들어 경찰을 무장해제하고 무차별 폭행을 가했다.

관할 용암포경찰서는 도 경찰부의 지휘와 인근 경찰서의 지원 아래 200여 명의 소작인을 검거했다.

회사의 탄압까지 집요하게 더해지면서 결국 용천소작인조합은 1932년 2월 자진해서 해체한다.

지도부가 다 붕괴되고

이상한 놈들에게 조합이 넘어가는 것보다는 차라리 …

농민들의 투쟁은 소작쟁의에 한정되지 않았다.

총독부가 산미증식계획과 관련해 가장 역점을 두고 추진한 사업은 수리조합 설립.

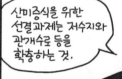

산미증식을 위한 선결과제는 저수지와 관개수로 등을 확충하는 것.

수리조합을 설립해 수리시설을 스스로 갖춰나가도록 유도, 지원 …

강제한다!

대지주와 일본인 지주들에겐 분명 유용한 일이었지만

아무래도 수확이 늘 테니까.

강제적으로 수리조합이 설립되면서 자작농, 소작농 들은 부담을 안아야 했다.

공사비 부담해야지, 수세 부담 늘지.

뿐만 아니라 나처럼 물 걱정 없는 논의 주인들도 강제적으로 부담하라니 …

우리 멀쩡한 논은 저수지로 편입됐어.

이렇게 자작농들의 불만이 커지면서 소작조합은 자작농을 받아들여 농민조합으로 발전하기도 했다.

○○ 농민조합

자소작농 단결하여 농민 권익 지켜내자!

황해도 재령군, 안악군에 1만 정보를 담당할 대규모 수리조합이 조직되었다.

추진 주체는 동척과 우리 일본인 대지주들!

옥답 지역에서는 설치 반대 운동이 벌어지고,

우리 동네는 필요없는데 강제로 편입됐어.

저수지 건설 반

저수지로 편입된 농지의 주인들은 토지 불매 운동을 벌였으며,

시가에도 못 미치는 값으로 내놓으라니.

못 팔아!!

내 땅 손대지 마!

그 밖에도 여러 문제가 더해지면서

공사로 인해 우리 동네는 식수가 말랐고,

우리 동네는 침수됐어.

농민들은 격렬히 저항하기 시작했다. 수리조합 사무소를 습격하고,

피해 보상을 요구하거나 수세 불납 운동을 벌였다.

이와 같은 수리조합 반대운동이 우리 동네 뿐 아니라 사방에서 일어났다우.

총독부는 또한 삼림조합 설립을 장려했다.

민유림을 쉽게 개발하지 못하게 막아 삼림에 의거하여 생활하던 이들의 생계를 위협했다.

곳곳에서 삼림조합 반대운동이 일었는데, 단천 삼림조합 반대운동이 가장 컸다.

면장들을 중심으로 삼림조합을 발기하고 조합 가입을 권유했지만 호응이 없었고

단천농민동맹, 단천청년동맹을 중심으로 반대운동이 거세게 일어났다.

경찰력, 행정력을 동원한 회유, 협박 등의 방법을 총동원하고서야 겨우 조합을 설립할 수 있었다.

그런데 삼림조합 직원이 삼림을 단속하던 중 불법 벌목 혐의를 적발하고

삑
거기!

취조하는 과정에서 임신한 부인을 구타하는 일이 발생했다.

퍼

격분한 농민들이 면사무소와 주재소를 습격했다.

요즘엔 툭하면 습격이네.

와 아

이어 군민대회를 열고 삼림조합 해체와 검거된 농민의 석방을 요구했다.

구속농민 석방하라

삼림조합 해체하라

요구가 거부되자

안 돼!

성난 농민들은 이번엔 군청과 경찰서를 습격했다. 이에 경찰이 발포하면서 4명이 사망하고 30여 명이 부상했다.

탕 타타 탕 타 탕

수백 명이 구속되기도.

이렇듯 농민들의 저항도 만만치 않았습니다.

청년운동, 여성운동, 형평운동 2

1924년 조선청년총동맹(청총)이 결성되면서 청총은 청년운동의 구심으로 자리 잡았다.

청총의 주도 세력은 사회주의자들로, 초기엔 계급운동을 앞세워 반종교운동을 펼치는 부류도 있었지만

이 시기 민족협동전선 노선에 따라 방향 전환을 이룬다.

그러나 청총의 주요 집회는 모두 금지되어

민족협동전선을 촉구하는 새 지도부 결성은 서면대회 형식을 빌려 이루어졌다.

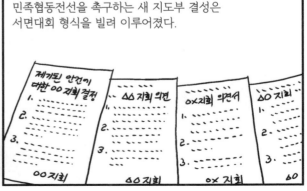

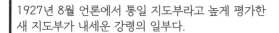

1927년 8월 언론에서 통일 지도부라고 높게 평가한
새 지도부가 내세운 강령의 일부다.

- 조선청년총동맹은 전 조선 청년 대중의 정치적,
  경제적, 민족적 이익의 획득을 기함
- 전 조선 청년 대중의 의식적 교양과 훈련의 철저를 기함
- 전 조선 청년 대중의 공고한 조직의 완성을 기함

보시다시피
사회주의 색깔을
쫙 뺐죠.

이러한 강령과 당면 목표의 실천을
위해 다양한 회보, 신문 등을
발행했고,

중앙 조직은 물론
각 지회들도 자체로
신문을 만들어
배포했죠.

하동청년회는
〈못소리〉를,
공주청년회는
〈혜성〉을,
노량진청년회는
〈노성〉을 …

독서회, 강좌, 야학 활동을 펼쳤다.

당장 스토웁!

물론 많은 경우
경찰의 방해로
접어야 했지만.

그 밖에도 협동조합,
소비조합 설치나
농민조합 설립 운동을
벌였고,

학생운동 지원 활동 등
다양한 활동을
펼쳤습니다.

이렇듯 청년운동은 청총을 중심으로
단일한 대오, 단일한 방침 아래
움직이는 듯 보였다.

조선청년총동맹

하지만 물밑에선 다양한 사회주의 그룹의
헤게모니 싸움과 합종연횡이 지속되었다.

조선공산당을 둘러싼
갈등과 파쟁이
고스란히 반영된
현상입니다.

조선청년총동맹

화요
서울
ML
북풍

여성동우회로 결집한 사회주의 계열은 별도의 계파별 조직을 편성한다. 화요회, 북풍회 계열은 경성여자청년동맹회를,

김사국의 아내 박원희를 중심으로 한 서울파 계열은 경성여자청년회를 창립했다.

그러다 민족유일당운동이 활발해지면서 양측은 다시 합동하여 중앙여자청년동맹으로 거듭났다.

여성운동 진영에도 민족협동전선 바람이 여지없이 불었고,

마침내 1927년 4월 신간회 결성에 발맞춰 여성계도 사회주의 그룹과 기독교계 민족주의자 그룹이 연합해 근우회를 창립한다.

그러나 창립 후 사회주의 영향력이 강화되면서

이듬해인 1928년 기독교 진영 인사들은 탈퇴한다.

들러리나 하라고?

유각경 김활란 황에스더 등

사회주의 진영의 독무대가 된 근우회는 7개 항의 행동 강령을 제정했다.

- 여성에 대한 사회적 법률적 차별 철폐
- 일체 봉건적 인습과 미신 타파
- 조혼 폐지 및 결혼의 자유
- 인신매매 및 공창의 폐지
- 농민 부인의 경제적 이익 옹호
- 부인 노동의 임금 차별 철폐 및 산전 산후 임금 지불
- 부인 및 소년공의 위험 노동 및 야업 폐지

국내외에 걸쳐 60여 개의 지회가 조직되어 대중운동에 대한 지원 활동과

여성 노동운동, 여학생들의 맹휴 등에 대해 진상조사, 지지, 후원 등의 활동을.

강연회, 토론회, 야유회, 음악회, 야학 등을 통한 여성들의 의식 개조에 앞장섰다.

조선여성의 당면문제

이와 같은 활동으로 핵심 지도부 상당수가 구속되기도 했지만

정칠성
박차정 등
허정숙

근우회의 운명을 가른 것은 신간회 해소에 따른 해소론 바람이었다.

우리도 해소를.

지금 필요한 것은 물렁한 근우회가 아니라 비타협적인 혁명조직!

당국이 전국대회를 허락하지 않아서 정식 해체 절차도 없이 1931년에 해체되고 말았다.

신간회도 가고 근우회도 가고 ㅎㅎ

근우회

백정들에 대한 차별 철폐를 내걸고 등장한 형평사는 내부 논란을 겪었다.

백정에 대한 인권유린이나 사회적 차별은 계급사회의 소산인 즉 자본주의 타도 투쟁에 나서야 하오.

형평운동은 백정의 인권옹호와 차별 철폐라는 본래의 목적에 충실해야지, 외부의 정치나 사상단체와 연결되는 건 옳지 않소.

급진파와 온건파의 분화다.

사회주의 가치를!

백정의 이익 옹호가 우선!

1928년 제6회 형평대회는 급진파, 온건파의 주장을 고루 반영한 강령을 채택해 갈등을 조정했다.

인권 해방, 형평운동 단결, 사회단체와 제휴, 본 계급의 실제적 이익을 위해 투쟁, 본 계급의 훈련과 교양.

지도부 구성도 반반 씩.

하지만 양측의 대립은 해소되지 않았고 1930년에 열린 제8회 대회, 1931년에 열린 제9회 대회를 거치며 더욱 심화되었다.

특히 9회 대회에선 급진파가 해소론을 제기해 격동했는데 우리 온건파에게 밀려 퇴장했지요.

형평사의 추이를 주시하던 경찰은 1933년 형평청년전위동맹 사건을 조작해 급진파 청년들을 대거 구속했고

얼마나 엉터리 사건이었는고 하니 100여 명이 검거되고 수십 명이 기소되었는데

재판을 1년이나 끌고난 뒤 전원 무죄 석방했습니다.

지도부를 장악한 온건파는 혁신파 우위의 지회를 전격 제적하면서 온건파만의 형평사로 탈바꿈시켰다.

대동사

장지필

형평사

강상호

이후 명칭도 대동사로 바뀌고 투쟁성도 약화돼가더니 점차 친일단체로 변질되고 맙니다.

오랜 앙숙이었던 우리는 다시 손을 잡았고.

동양척식주식회사

나석주는 조선식산은행과 동양척식
주식회사에 폭탄을 투척하고
일본 경찰과 대치하던 중에 총으로
자결했다.

조선은행 대구지점

장진홍은 벌꿀 상자로 위장한 폭탄을 조선은행
대구지점에 송부해 일제의 간담을 서늘케 했다.
재판 과정에서 대한독립만세를 외치고
재판장에게 폭력을 행사하기도 한 장진홍은
대구 형무소에서 자결로 생을 마감했다.

경성

대구

제6장

계속된 의열투쟁,
그리고…

국내외로 의열투쟁이 이어진다.
나석주는 조선식산은행과 동척에 폭탄을 투척하고,
유택수와 이수흥은 관공서를 피습한다.
대만에서는 조명하가 일본군 대장을 노리고 의거를 일으킨다.
하지만 독립운동가 내부의 갈등도 심해진다.
박용만과 김좌진은 각각 의열단원과 공산당원에게 암살된다.

이수흥

이수흥은 법정 최후진술에서
이렇게 말했다. "나는 일제 재판부에
목숨을 구걸하지 않겠다. 내가
기필코 대한 독립을 성취하려 했더니
원수들의 손에 잡혀 일의 열매를
못 맺고 감이 원통할 따름이다.
우리 동포 여러분들은 끝까지 싸워
우리나라의 독립을 성취하여 주시기
바란다."

1928	근우회 출범	1929	광주학생항일운동	1930	평양 고무공장 노동자 파업
	장제스, 북벌 완수		대공황		런던군축회의

나석주와 이수흥

1926년 12월 조선식산은행에

한 사내가 들어오더니

창구를 향해 폭탄을 던지고

빠져나왔다.

사내는 이어 인근 동척 건물로 들어갔다.

남은 폭탄을 기관장실에 던졌지만,

역시 불발.

조용…

쳇…

동척에서 나온 그를 경찰이 쫓았다.

경찰과 총격을 벌이던 그는

군중을 향해 외친 뒤

이천만 민중아!
나는 이천만 민중의
자유와 행복을 위해
나 자신을 희생한다.
나는 조국의 자유를 위해
분투했다.
이천만 민중아!
분투하여라!

자결했다.

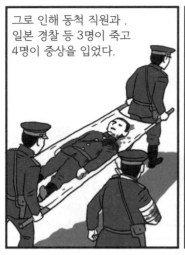

그로 인해 동척 직원과 일본 경찰 등 3명이 죽고 4명이 중상을 입었다.

이봐! 이름이 뭔가? 이름?

나… 석… 주…

나석주, 황해도 재령 사람.

3·1에 참여하고 난 뒤 상하이로 망명해 김구가 지휘하는 경무국 경호원으로 있었다.

중국 군관학교를 나와 중국군 장교로도 근무하다가

독립운동에 헌신하기 위해 상하이로 돌아왔다.

이즈음 베이징의 김창숙과 이회영은 이렇게 의기투합하여

일본 세력이 미치지 못하는 지역의 황무지를 얻어서 개간하고 그 수확으로 군대를 양성한다.

이상촌이자 군사기지를.

일대의 군벌 펑위샹으로부터 황무지 개간 계획도 허락받았다.

뭐 제대로 땅 값만 준비한다면야.

김창숙은 개간에 필요한 자금을 마련하기 위해 국내로 잠입했다.

3만 정보의 땅이 필요한데 적어도 20만원은 있어야.

그러나 상황은 여의치 않았고

우리도 나서 보았지만 모금이 되질 않소.

김창숙은 미미한 액수만 갖고 돌아와야 했다.

인심이 전과 같질 않구나.

참고로 김창숙을 도와 그 얼마 되지 않는 돈을 모금하는 데 나섰던 이들은 일망타진 되었지. 한 40, 50 명 정도.

제 2차 유림단사건이라 불리게 된다네.

김창숙은 상하이로 가서 김구와 유자명을 만났다.

이대로 민심이 무너져 내리도록 놔둬선 안될 일. 비상수단을 써서라도 사기를 진작시켜야 합니다.

그런데 내가 갖고온 자금으론 큰 사업을 착수하긴 어렵겠고,

청년결사대들에게 주어 왜정기관을 파괴하거나 친일파를 척살해 분위기를 일신시켰으면 합니다.

이에 자청해 나선 이가 바로 의열단원이기도 한 나석주였다.

제가 그 일을 맡고 싶습니다.

〈동아일보〉는 호외를 발행해 나석주의 의거를 알렸다.

대낮에 벌어진 이 대담한 의거에 총독부는 크게 충격을 받았고,

이것들이 도대체 끝을 모르네.

이제 그만 독립에의 꿈을 접을 때가 안 됐니?

민중들은 격동되었다.

나석주.

나석주.

대단하다 진정한 조선남아!

1926년 5월 이천 출신의 이수흥이 대관 암살 및 공관 파괴를 목적으로 국내에 들어왔다.

3년 전 만주로 건너가 통의부, 참의부에서 독립군으로 활동해왔지. 모젤 권총과 실탄 980발이 나의 무기.

7월에야 서울에 도착해 동소문파출소 앞을 지나는데

이런! 이게 왜?…… 삐져나왔지?

응

권총을 봤을 것이라 생각한 그는
지체 없이 경찰을 사살하고

파출소 안에까지
총격을 가한 다음

현장을 피했다.

미리 편지로 연락했던
유택수, 유남수 형제를 만나
동지가 되겠단 다짐을 받아냈다.

먼저 거사자금부터
마련하자고.

안성으로 가서 부호의 집을 찾았다.

은행을 치려했는데
하필 오늘이 일요일이라…
독립투쟁을 위한 기부를
부탁합니다.

지금 뭐하자는
수작이야?
장난 해?

너 같은 놈은
콩밥을 먹어야…

탕

아들아!—

물러섯!

나리!!

변장하여 이천으로 들어가선 주재소를 찾아 수사 상황을 묻기도 했다.

XX일보 기자외다. 안성부자 살인사건은 어찌 돼가요?

그게 당최 오리무중이라...

자금이 바닥나자 식산회사를 찾았다가

안 되겠네.

흥

가까운 주재소를 쳤다.

꼼짝말고 엎드렷!

철컥

끽?!

도주해 백사면 면사무소로 갔다가 숙직 중이던 면서기를 쏘았다.

서울로 피했다가 갑작스러운 부친상 소식에 수원으로 가서 장례를 치른 뒤

스님이나 나무꾼 등으로 변장하며 다녔다.

유택수는 전당포를 찾아 권총으로 위협해 500원을 받아냈다.

근데 말이우.

그총 진짜요? 아니라면 내가 돈을 줄 필요가 없잖아. 안그래?

까불고 있어.

연이은 관공서 피습과 총격 사건으로 경찰 당국에 초비상이 걸렸고,

도 경찰부 차원에서 2,000여 명을 동원해 검거에 나섰다.

이수흥은 이천의 당숙 집을 찾았다가 체포되었다.

네 놈 잡으려고 6개월을 고생했다, 인마!

일대의 녹척 단구들을 다 조사해도 못 찾았는데 다행히 밀고자가 있어서 ㅎ

유택수 형제도 체포되었다.

떠들썩했던 만큼 이수흥의 재판엔 사람들이 몰려들었다.

귀국 목적은?

대관 암살과 관공서 파괴다.

임시정부 주만참의부의 명을 받고 왔는가?

그렇다. 작전 계획의 큰 그림엔 상부의 명을 받게 된다.

그러나 전투에 임해서는 나의 결심과 의지에 따라 결행한다.

대관이란 대체 누구인가?

적의 총독 이하 왜놈의 녹을 먹고있는 자들이다. 한인, 일인 불문하고 다 가살(可殺)이다.

이수흥과 유택수에겐 사형이 선고되었고, 1929년 2월 서대문 형무소에서 형이 집행되었다. 이수흥 24세, 유택수 29세였다.

장진홍과 조명하

칠곡 출신 장진홍의 인생 역정은 독특하다.

조선보병대에 입대해 상등병까지 진급했으나 중도 제대,

왜놈 치하에서 왜놈의 군인으로 사는 게 무슨 의미가 있으랴?

하바롭스크로 건너가(1914년) 동포 청년들에게 군사훈련을 시켰다.

러시아 내전이 심화되자 귀국했는데, 3·1을 만난다.

만세——

일본 군경이 자행하는 만행에 격분해서

고문, 방화, 학살
……

밭을 팔아 마련한 돈을 가지고 전국을 돌며 실상을 조사했다.

그렇게 일본 군경들의 만행에 대한 보고서를 작성한 다음 인천항에 입항한 미군 군함 승무원 김상철에게 전했다.

번역과 배포를 부탁합니다.

알겠습니다.

1927년에는 약 가게를 운영하고 있었는데 친구 소개로 일본인 공산주의자를 만나게 됐다.

나는 폭탄전문가요. 대대적인 폭탄 거사로 민심을 자극해 혁명을 촉진시킵시다.

좋은 생각이오.

그와 함께 다이너마이트, 뇌관, 도화선 등을 구입해 다수의 폭탄을 만들었다.

이거면 됐어.

경북도청, 경북경찰부, 대구경찰서, 대구형무소 등에 폭탄 세례를…

하지만 동지를 구할 수 없었다.

할 수 없군. 혼자 하지 뭐.

여관에 투숙해 종업원을 불렀다.

벌꿀 상잔데 선물로 보내는 것이네. 조선은행지점, 경찰부장, 식산은행 순으로 급히 한 개 씩 배달해주세.

내가 직접 전해야 하는데 보다시피 어제 낙상을 해서…

여기 수고비.

조선은행 지점에 먼저 배달되었는데

포병 출신 은행원이 이상히 여겨 열어보았다.

파지직…

도화선을 자르고 경찰을 불렀다.

경찰들은 나머지 상자들을 우선 한길가로 옮겨놓았다.

꽈 꽝

경관 4명, 사환, 통행인 11명이 중경상을 입고

은행 창문 70여 개가 박살났다.

실패했음을 안 장진홍은 제2의 거사를 준비하다 여의치 않자 일본으로 도피했다.

美酒屋

경북경찰부 경부인 최석현이 탐문 끝에 장진홍이 벌인 일임을 알아냈다.

뿐만 아니라 일본에서 장진홍을 보았다는 정보까지 확보했지.

아우 장의환이 오사카에서 안경점을 한다지.

동생 집에 있든지 아니더라도 설날엔 틀림없이 찾아올 거야.

오사카에 건너간 최석현은 사람들을 고용해 장의환이 운영하는 안경점을 살피게 했는데

眼鏡　めが者

이들의 대답은 한결같았다.

장의환과 처자식, 직원 3명 외에 다른 사람은 없는 것 같은뎁쇼.

맞습니다. 전혀 흔적이 없습니다.

그렇습니다. 예~

그럴 리가 없는데… 분명히 저기서 장진홍 냄새가 나는데…

眼鏡
鏡　めが者　안경

최석현은 한 여인을 밀정으로 포섭했다.

걱정 마이소.

고향이 안동이라며 접근한 여인은

남편이 오사카에서 취직하게 돼서요, 조선 사람이 많은 동네에 집을 얻도록 도와주실 수 없을까요?

아유 동포인데다 동향이신데 도와드려야죠.

일곱 살 아이를 꼬드겨 원하는 정보를 알아냈다.

큰 아부지요? 2층 다락방에서 지내요. 앗! 말하면 안 되는데.

결국 장진홍은 가게에 들이닥친 최석현과 밀정들에게 체포되었다.

장진홍이! 1년 4개월이나 잘도 숨어다녔지만

나 최석현이 한테는 안 돼, 알간?

재판 과정에서 대한독립만세를 외치고 재판장에게 폭력을 행사하기도 한 장진홍은

대구 형무소에서 자결로, 생을 마감했다. 향년 33세.

최석현은 앞서 언급된 제2차 유림단 사건 관련자들을 체포하는 등

독립운동가들을 숱하게 체포하고 고문한 것으로 악명 높았다.

자~ 물 마시자.

뒷날 경시까지 승진하고 해방 직전엔 군수까지 지냈지롱~

조명하는 황해도 송화 출신으로
1926년 공부를 위해 오사카로 건너갔다.

고학 생활을 이어가다

1927년 11월
대만으로 이주했다.

일본인 찻집에서 점원으로 일했는데

일본인, 대만인으로부터 이중의 차별을 받으며
생의 의욕을 잃었다.

그러다 대만인들의 항일운동을 접하며,

눈이 뜨였다.

그래, 내가 겪은
모든 불공정한 일들이
식민지 지배로
인한 것인 걸.

그리고 일본 육군 대장 구니노미야 구니요시가 대만에 온다는 소식을 접한다.

제거를 결심하고 잘 드는 단도를 구입했다.

칼 쓰는 법을 연마한 그는

극약을 바른 단도를 품에 숨기고 환영 인파 속에서 기다렸다.

무개차로 달려들었으나 찌르기에 실패했고

급히 던진 단도는

구니노미야의 등을 스치고

찌릿

운전수 등에 꽂혔다.

푹

대한
독립
만세
―

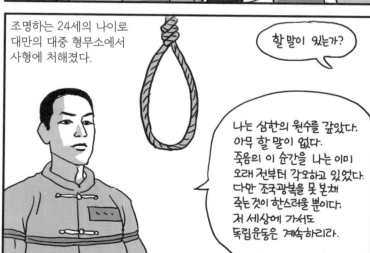

조명하는 24세의 나이로
대만의 대중 형무소에서
사형에 처해졌다.

할 말이 있는가?

나는 삼한의 원수를 갚았다.
아무 할 말이 없다.
죽음의 이 순간을 나는 이미
오래 전부터 각오하고 있었다.
다만 조국광복을 못 보고
죽는 것이 한스러울 뿐이다.
저 세상에 가서도
독립운동은 계속하리라.

한편 이 일로
대만총독은
사직해야 했고

구니노미야는
몇 달 뒤
독이 퍼져
죽습니다.

박용만과 김좌진의 죽음

1928년 10월 베이징. 박용만은 낯선 청년들의 방문을 받았다.

들어오게.

오래지 않아 총성이 울렸고

탕 탕…

박용만은 세상을 떴다.

청년 1명은 도주했고,

현장에서 붙들린 1명은 재판에 넘겨졌다.

청년의 이름은 이해명. 신흥무관학교를 나온 의열단원이다.

나는 매국행위를 한 자를 민족의 이름으로 처단했을 뿐이다.

이해명은 5년 2개월을 선고받았다.

살인죄 치고는 형량이 엄청 가볍네.

이해명의 주장이
상당히 받아들여진
판결이다.

한국독립당 관내촉성회 연합회

왜냐하면 대부분의
한인 독립운동가들이
이해명을
지지해주었으니까.

이 당시 중국 관내
좌우 한인 독립운동
세력을 두루 망라한
우리도 탄원서를 올려
이해명을 옹호하고
박용만을 죽어마땅한
변절자라 비난했다우.

박용만은 안창호, 이승만과 더불어
미국 내 한인 독립운동을 대표하던 인물.

무장투쟁론자로 외교론을 앞세운
이승만과 대립했다.

임정 외무총장에 선임되었지만 참여를 거부하고 베이징을
중심으로 활동을 펼치며 창조파의 중심인물이 되었다.

反 임시정부, 反 이승만!!

신채호   이회영   박용만   신숙

임정을 대체할 새 정부 조직 시도가
실패한 이후 그가 보여준 행보는
여러 의심을 불렀다.

이즈음 그는 철저한 반공주의자가 돼 있었고, 황당한 구상을 갖게 되었다.

러시아 볼셰비키의 남하를 막는 게 급선무야. 필요하면 일본을 활용할 수도.

급기야 그는 1924년 비밀리에 입국해 총독을 만나기도 했다.

그를 둘러싼 소문들이 퍼져나갔다.

총독에게 돈도 받았다며? 장춘의 일본 영사와 일본 스파이랑 접촉도 하고.

창조파 조직에선 결국 박용만을 제명했다네. 이상은 거의 팩트.

서로군정서 비밀결사대를 적들에게 팔아넘긴 이도 박용만이라.

에이~ 그건 좀…

일대의 권력자인 군벌 펑위샹과 접촉해 둔전 개발과 한인병 양성을 도모했던 그는

내몽고 지역을 개척해서 군대를 길러 러시아 공산주의의 남하를 막으려 합니다.

음… 땡기는 걸

펑위샹이 쫓겨나고 우페이푸가 득세하자 그에게 기대를 걸었다.

우장군님!

1925년 하와이로 모금차 건너가 미국 당국에 올린 보고서엔 당시 그의 정세관이 잘 드러난다.

새 실력자 우페이푸는 중국의 희망, 펑위샹, 쑨원, 장쮜린은 중국을 파괴로 몰고갈 인물, 우페이푸를 원조해 장쮜린을 몰아내고 만주 땅에 또 하나의 조선을 세운다면 미국에 이익이 될 것.

그러나 아무 답변이 없었고

뭐래?

모금한 돈을 가지고 베이징으로 돌아온 박용만은 종래의
관계를 끊고 땅을 사서 농장을 운영하며 정미소를 경영하고 있었다.

이런 일련의 행동은 옛 동지들의 의심을 가져왔고

정미업을 하면서도
독립운동 단체에
헌금하지도 않고.

총독을 만나
돈을 받았다는
소문도 그렇고.

일제에
투항한 것이
확실하오.

참혹한 결과를 불렀다.

朝鮮○○團員에게
射殺當한朴容萬氏
◇中國方面에서생긴것이라◇
軍資千圓拒絶關係

동아일보는 이해명 등이
운동 자금 일천 원을
요구했으나 거절하자
살해했다고 보도했습니다.

사건이 나자 중국 관내의
독립운동 세력은 이해명을
옹호했지만,

변절자는
응징하는 게
당연!

미국의 안창호, 이승만,
서재필은 박용만을 적극
옹호해 나섰다.

박용만은 변절할
사람이 아니다.
테러리스트를
옹호하지 말라!

하와이의 지지자들도
박용만에 대한 믿음을
일관되게 보여주었다.

선생은 오로지
청년 수백 명을
훈련시킬 목적으로
전력을 기울이다가
그만 흉탄에
흑흑…

그의
변절 여부는
여전히
논란거리다.

1930년 북만주의 동청철도 산시역 부근에서 공산주의자인 박상실의 총탄에

탕

한족총연합회 주석 김좌진이 쓰러졌다.

청산리전투를 승리로 이끌어 조선인들의 영웅으로 자리 잡은 김좌진.

거구의 체격으로 딱 봐도 장군!

힘도 무지 셌죠.

충남 홍성 출신으로 대한제국 육군무관학교를 다녔고

을사년 이후엔 자기 집을 내놓아 학교를 세우는 등 애국계몽운동에 앞장섰다.

홍명학교

2년 6개월간 옥고를 치르기도 했던 그는

1918년 만주로 망명한다.

북로군정서를 맡아 청산리전투를 이끌고 독립군단이 러시아로 넘어갈 때 되돌아왔다.

만주로!

북로군

자유시참변 소식은 그를 반공주의자로 만들었다.

볼셰비키는 믿을 수없어.

1925년 북만주에서 신민부를 결성했으나 이내 신민부는 민정파와 군정파로 나뉘어 대립한다. 김좌진은 군정파의 수장.

무슨 소리? 독립운동은 모름지기 무장투쟁이지.

동포들의 생활 안정이 우선!

이후 이회영이 보낸 무정부주의자들에게로 기운 그는

이회영 선생과 일해왔다고? 둔전을 개척해 이상촌을 건설하고 군대를 육성한다? 옳거니!

공산주의를 싫어하는 것도 나랑 통하는군.

1929년 한족총연합회를 결성하고 주석에 선출되었다.

그런데 그동안 그는 주변에
너무 많은 적을 만들었다.

무엇보다도 휘하 무장대원들의
활동이 거칠었다.
군자금 모집은 강압적이었고

공산주의자들을 향한 테러 활동도
자주 일으켰다.

앞서 본 대로 주민들의 모임을 민정파의 회합으로
오인하고 습격해선 많은 사상자를 내기도 했다.

어떤 이들에겐 여전히 영웅이었지만
또 다른 이들에겐 타도의 대상이었던 것.

김사국과 그의 가족

1933년 〈조선일보〉는 불행한 어느 가족에 대한 기사를 실었다.

청년동맹 사무실 구석에 다다미를 깔고 살아가는 노모와 장발의 아들.

故 김사국씨 영혼 斷腸의 반생

노모는 말한다.

우리 사국이는 금년이 마흔둘인데 서른다섯에 죽었답니다. 내일 모레가 우리 사국이 제삿날인데 구걸해다 먹고사니 제사를 지낼 수가 있어야지요. 제사 한 번만 지냈으면…

고 김사국씨에게 딸이 하나 있지 않습니까?

아, 사건이요? 그 아이는 지금 아홉 살로 외할머니가 키우고 있습니다. 재동보통학교 2학년이지요.

그렇다. 노모는 바로 1920년대 조선 공산주의 운동의 최대 세력인 서울파의 수장 김사국의 어머니다.

김사국은 3·1 당시 한성정부와 이를 위한 국민대회를 주도한 일로

국민대회

구속되면서 세상에 처음 이름을 알렸다.

1년 6개월 간 옥살이를.

출소 후 서울청년회 건설에 참여한 뒤 점차 리더로 자리 잡아갔다.

서울파의 리더다.

해외파를 뺀 공산당 건설을 주창하는.

불행은 아우인 김사민에게 먼저 찾아왔다.

김사민은 지게꾼, 막벌이꾼 들 200명을 모아 자유노동조합을 조직했다.

자유노동조합

그는 최초의 사회주의 재판이라 불린 신생활사 필화 사건과 관련해 구속됐다.

내 죄가 대체 뭐요?

몰라? 가르쳐주지. 자유노동조합을 설립하고 그 취지서를 기초했으며 그 취지서를 〈신생활〉에 게재한 혐의다.

그는 완강한 태도로 옥중 생활을 이어갔으며 그만큼 간수들과 충돌도 잦았다.

그게 왜 죄가 되는데? 엉? 이껀 불법감금이야 이 XX들아!

어느 날 간수들이 징벌을 위해 문을 열고 들어오자

김사민은 잽싸게 간수의 칼집에서 칼을 빼서는

휙

그대로 머리를 내리쳐버렸다.

뻑

간수는
중상을 입었고,
김사민은
혹독한 대가를
치러야 했다.

석 달이 지나 면회 금지가 풀리고
어머니가 면회를 갔는데
아들은 다른 사람이
돼 있었다.

사민아~

2년 뒤 출소했으나

히~

정상적인 생활은 불가능했다.

장발흥염의
사회주의자라 불리는
그 사람이구나.

어슬렁

신생활사 필화 사건과 관련해
동생이 체포되었을 때 룽징으로 피했던
김사국과 부인 박원희는

1924년에 돌아왔는데
김사국은 이미 병이 깊은 상태였다.

이 시대
많은 이들의 목숨을
앗아간
폐결핵이었다.

쿨럭쿨럭

당건설과 관련해 화요파와의
경쟁과 갈등이 심한 상황.
김사국은 활동을 멈추지 않았고

쯧쯧…
딸 아이가
불쌍하네.

그러게,
돌이 갓
지났다며?

결국 무리가 되어 1926년 5월 세상을 떴다.

金思國氏永眠

조선사회운동의중진으로
파란곡절한씨의삼십성의평생
八日北岳青年會館에서

社會運動團體의
聯合葬
발인은심이일

김사국의 아내이자 혁명 동지인
박원희의 활동력도 못지않았다.

대전 출신으로
경성여고보를 나와
교사로 재직하던 중에
김사국과 만나
결혼했다.

찰

칵

룽징에서 활동하다
임신한 몸으로
구속되기도 했던 그녀는

남편보다 한발 앞서
서울로 돌아와
딸 사건을 낳았다.

아가야, 네 이름은 사건이야.
역사를 세워라, 사건 (史建).

그러곤 곧바로 활동에 나서 출산 다음 달 여성동우회 창립을 주도했다.

각종 단체의 창설과 운영에 주도적으로 참여했으며,

서울청년회, 경성여자청년회, 경성청년연합회, 근우회, 중앙여자청년연맹의 집행위원을 역임했죠.

여성운동가 원탑이라고나 할까?

각지로 강연 활동을 나갔다.

남편의 죽음도 그녀의 활동력을 꺾지 못했다.

여성대회

그런데 몸살감기에 걸렸나 싶더니

병세는 하루가 다르게 악화됐고, 김사국이 죽고 1년 7개월이 지난 1928년 1월, 향년 31세를 일기로 눈을 감았다. 장례식은 근우회를 비롯한 34개 단체가 합동으로 치렀다.

그날이 오면   심훈

그날이 오면 그날이 오면은
삼각산이 일어나 더덩실 춤이라도 추고
한강 물이 뒤집혀 용솟음칠 그날이
이 목숨이 끊기기 전에 와 주기만 할 양이면
나는 밤하늘에 나는 까마귀와 같이
종로의 인경人定을 머리로 들이받아 울리오리다.
두개골은 깨어져 산산조각이 나도
기뻐서 죽사오매 오히려 무슨 한이 남으오리까.

그날이 와서 오오 그날이 와서
육조六曹 앞 넓은 길을 울며 뛰며 뒹굴어도
그래도 넘치는 기쁨에 가슴이 미어질 듯하거든
드는 칼로 이 몸의 가죽이라도 벗겨서
커다란 북을 만들어 들쳐 메고는
여러분의 행렬에 앞장을 서오리다.
우렁찬 그 소리를 한 번이라도 듣기만 하면
그 자리에 거꾸려져도 눈을 감겠소이다.

1930년 3·1절을 맞이해 쓴 시다.
이 시가 수록된 시집 《그날이 오면》은
1932년에 발간하려 했으나 총독부의 검열로 좌절되고
1949년에야 간행되어 빛을 보게 되었다.
《상록수》의 작가로 유명한 심훈은 소설가, 시인, 기자, 배우, 영화감독 등
다방면에서 활약하며 민족 문제에 눈을 감지 않았다.

부록

4권 연표

4권 인명사전

사료 읽기

참고문헌

• 일러두기 •

인명사전에 친일 반민족 행위자로 표기된 인물은
민족문제연구소에서 발행한 《친일인명사전》에 등재된 인물로,
인물 아래에 별도로 親日 표시를 해두었습니다.

1926년

우리는

1월		목포제유공장에서 파업이 발발함
	7일	조선총독부, 경복궁 안의 신청사로 이전함
2월	11일	이완용, 사망함
	26일	박열, 가네코 후미코의 특별 공판이 도쿄 대심원에서 열림
	27일	조선도량형령이 공포됨 (5월 1일 시행되며 미터법이 채용됨)
4월		김복동 할머니, 태어남
	1일	조선총독부, 제2차 산미증식계획을 수립함
	25일	순종, 승하함
	28일	금호문 사건(송학선)이 일어남
5월	8일	김사국, 폐결핵으로 사망함
	16일	조선공산당, 만주총국을 설치함
6월	6일	6·10만세운동 계획이 탄로 남(종로경찰서에서 천도교회를 급습해 200여 명을 검거함)
	10일	6·10만세운동이 발발함
	21일	제2차 조선공산당 사건으로 135명이 검거됨
7월	8일	조선민흥회 발기회가 결성됨
8월	1일	윤심덕, 〈사의 찬미〉를 발매함
	3일	윤심덕, 현해탄에서 투신함
10월		대한독립당, 북경촉성회를 결성함
	1일	단성사에서 〈아리랑〉이 개봉됨
	9일	스웨덴 황태자 구스타프, 입국하여 경주 서봉총 발굴에 참가함
	30일	명제세 등 비타협 민족주의자들, 조선민흥회 발기인대회를 개최함
11월	3일	광주고보, 광주농업학교 학생들, 성진회를 조직함
	4일	조선어연구회, 한글 제정 480주년 기념식을 거행하고 이날을 '가갸날'로 제정함
	15일	정우회선언이 발표됨
12월	5일	경성여자청년회와 경성여자청년동맹, 중앙여자청년동맹을 발족함

세계는

1월	4일	중국 국민당 제2차 전국대표회의에서 장제스가 중앙집행위원장에 임명됨
2월	12일	중국 국민혁명군, 타이구(大沽)에서 일본 구축함을 포격함
3월	18일	베이징에서 3·18사건이 일어남 (학생·민중, 군벌 정부에 반대하며 국민대회를 여나 군경의 발포로 50여 명이 사망함)
	20일	중산함 사건이 일어남
4월	3일	이탈리아 파시스트 청년단 바릴라가 조직됨
	9일	일본, 노동쟁의 조정법, 치안유지법을 개정 공포함
	24일	베를린에서 독일·소련 양국 간 중립조약이 체결됨
6월	14일	브라질, 국제연맹을 탈퇴함
7월		트로츠키 등, 중앙당에 대한 반대운동을 전개함
	9일	중국국민당, 제1차 북벌을 개시함
9월	8일	독일, 국제연맹에 가입함
10월	19일	캐나다, 호주, 뉴질랜드, 영국 제국회의에서 자치권을 얻음
11월	9일	이탈리아, 파시스트당 이외 정당에 해산령을 내림
	26일	국민당 좌파, 우한으로 천도를 결의함
12월	4일	일본공산당, 고시키온천에서 재건대회를 개최함

	6일	안광천, 김준연, 한위건 등, 조선공산당을 재조직함(ML당)	5일	일본, 사회민중당을 결성함
	10일	유일한, 유한양행을 설립함 김구, 임시정부 국무령에 취임함	9일	일본노동당이 결성됨
	28일	의열단원 나석주, 경성 식산은행, 동양척식주식회사에 투탄 후 일본 경찰과 교전 중 자결함	25일	일본, 히로히토 천황이 즉위함

1월		박경원, 최초 여류 비행사 됨	1월	중국 우한의 민중들, 한커우의 영국 조계를 탈환함
	19일	신간회, 발기인 대회를 개최함	2월 11일	멕시코에서 교회 재산 국유화가 지시됨
2월 10일		조선어연구회, 〈한글〉을 창간함 허헌·김법린, 국제반제국주의대회에 참석하여 배일 결의안을 제출함	21일	우한 국민정부가 수립됨
	15일	신간회가 창립됨(1931년 5월 16일 해소됨)		
	16일	경성방송국, 방송을 개시함		
3월 30일		이상재, 사망함	3월 14일	미국 팬아메리카항공사가 설립됨
4월 11일		한국유일독립당 상해촉성회 창립총회가 열림	24일	국민혁명군, 난징을 점령하고 영국영사관을 습격함 영미 군함, 난징을 포격함(난징 사건)
	28일	신간회 간도지회가 설립됨		
5월 7일		경성에서 장인환 귀국 환영식이 거행됨	4월 3일	한커우에서 중국인과 일본 육전대가 충돌함
	27일	근우회가 창립됨	12일	중국국민당 장제스, 공산당 숙청을 시작함
6월 14일		유림단 사건의 대표 김창숙, 상하이에서 검거됨	18일	중국, 장제스 난징정부를 성립함
9월		조선노농총동맹, 조선노동총동맹과 조선농민총동맹으로 분립됨	20일	일본, 다나카 기이치 내각을 성립함
	13일	조선공산당 사건 101명의 첫 공판이 경성지법에서 열림	5월	소련, 7시간 노동제와 사형제 폐지를 선언함
10월		전북 옥구 이엽사 농장 소작인, 소작료 불납 운동을 전개함	21일	린드버그, 대서양 횡단, 무착륙 비행에 성공함
	5일	제1차 간도공산당 사건으로 최원택 등 100여 명이 체포됨	28일	일본, 중국의 일본인 보호를 명목으로 제1차 산둥 출병을 결정함
	8일	일본 자유법조단 변호사 후세 다츠지, 조선공산당 사건 비밀재판은 불법이라는 성명을 발표함	6월	미국·영국·일본의 제네바군축회의, 결렬됨
	18일	장진홍, 단독으로 일제 기관 4개소 연쇄 폭파 거사를 단행함	7일	이탈리아, 축구 클럽 AS로마를 창단함
	26일	일본 변호사협회, 조선공산당 사건 피고인 고문 사건의 진상을 규명키로 결의함	7월	제1차 국공합작이 결렬됨 인도네시아 수카르노, 국민당을 결성함
11월 7일		한국유일독립당 준비회가 상하이에서 개최됨	8월 1일	중국공산당, 난창에서 봉기를 일으킴

1927년

14일 한국독립당 관내촉성회연합회가 결성됨
22일 조선공산당 사건의 피고 박헌영, 병보석됨
26일 옥구군 이엽사 소작인들, 불납항쟁 중
　　주재소를 습격함
12월 영흥 흑연광산 노동자, 동정파업자들과
　　시위를 전개함
16일 정의부 오동진, 지린에서 검거됨
　　(1944년 옥사함)

9월 6일 중국 우한정부, 난징정부에 합류함
10월 　　중국 마오쩌둥, 징강산에 혁명 근거지를
　　　　건설함
　　6일 세계 최초 발성영화 〈재즈 싱어〉가
　　　　개봉됨
12월 2일 제15차 소련공산당대회에서 신경제정책
　　　　종료와 트로츠키 제명이 결정됨

2월 2일 제3차 조선공산당(ML당) 사건으로 김준연 등
　　　　30여 명이 검거됨
　12일 미주의 한국 여학생, 독립운동 후원을 위한
　　　　근화회를 조직함(회장 김마리아)
　16일 하와이에서 29명의 한인이 모여
　　　　대한민족통일촉성회를 결성함
　20일 김지섭, 일본 왕 폭살 미수 사건으로 복역 중
　　　　옥사함
3월 　　제4차 조선공산당이 성립됨(책임비서 차금봉)
　30일 블라디보스토크 교포 농민 300여 명,
　　　　중앙아시아로 강제 이주함
4월 11일 정의부 간부 김탁·김보국·김우근,
　　　　만주 해룡현에서 일경에 검거됨
　22일 경성에서 시내버스가 처음으로 운행됨
　28일 참의부원 문창숙, 군자금 모집 중 검거되어 평양
　　　　감옥에서 사형에 처해짐
5월 　　함흥고보 동맹휴학 중 15명이 재판에 회부됨
　14일 조명하, 대만에서 의거함
6월 29일 치안유지법이 개정됨
7월 　　제4차 조선공산당 사건으로 한명찬 등
　　　　170여 명이 검거됨
9월 　　제2차 간도공산당 사건으로 이정만 등
　　　　72명이 검거됨
　16일 수원농림고 학생 11명, 건아단 조직 활동 중
　　　　검거됨
10월 4일 조선의열단, 제3차 전국대표대회 개최, 전 민족
　　　　혁명의 통일전선 구축과 자치운동자 타도를 주장함

1월 4일 소련, 토지사유금지법안을 발표함
　14일 조선 총독, 일본 수상,
　　　　재만 한인의 중국 귀화를 허가하기로
　　　　합의함
2월 20일 영국, 트란스요르단 독립을 승인함

3월 15일 일본, 공산당원을 전국적으로
　　　　대량 검거함
4월 　　중국, 북벌을 재개함
　9일 터키, 이슬람 국교 제도를 폐지함
　19일 일본, 제2차 산둥 출병을 단행함
　26일 인도 뭄바이의 방적 노동자,
　　　　반제 총파업을 개시함
5월 8일 일본, 제3차 산둥 출병을 결정함
6월 　　중국 국민혁명군, 베이징에 입성함,
　　　　북벌을 완료함
　4일 만주 군벌 장쭤린 폭살 사건이 일어남
　29일 일본, 치안유지법을 개정하여
　　　　사형과 무기형을 추가함
7월 2일 영국 의회, 평등선거권법을 가결함
　3일 일본, 좌익 사상을 단속할
　　　　특별고등경찰부를 신설함
　4일 일본, 헌병대에 사상계를 설치함
　17일 제6회 코민테른대회가 개최됨
8월 　　네루, 인도독립연맹을 결성함

9일 한글날이 제정됨

17일 임시정부 초대 외무총장 박용만,
    의열단원 이해명에게 피살됨

18일 장진홍, 조선은행 및 조선식산은행 대구지점
    폭파를 기도함

11월 6일 압록강변에서 총독 사이토 마코토를 저격한
    이의준과 김창균, 평양복심원에서 사형을 선고받음

21일 홍명희, 《임꺽정》을 〈조선일보〉에 연재함

12월 김동삼, 김원식 등, 혁신의회를 조직함

11일 대구고보 동맹휴학으로 적우동맹
    (일우동맹)이 기소됨

18일 용천 불이농장과 쟁의 중인 용천소작조합
    간부들이 검거됨

27일 코민테른, 조선공산당 승인을 취소하고
    재건 명령을 하달함(12월 테제)

11일 일본, 전국 반전동맹을 결성함

27일 켈로그-브리앙 조약이 체결됨

9월 25일 모토로라가 창립됨

28일 플레밍, 페니실린을 발견함

10월 8일 장제스, 중화민국 국민정부 총통에 취임함

15일 독일 비행선 채플린,
    최초로 대서양 횡단 비행을 함

11월 7일 미국 공화당의 후버가 대통령에 당선됨

18일 〈증기선 월리〉가 개봉되어
    미키마우스가 세상에 처음 알려짐

12월 인도,
    전인도노동자농민당 결성대회를 개최함

20일 영국, 중국 국민정부를 승인함

1월 13일 원산총파업이 결의됨(~4월 6일)

2월 13일 동래 혁조회 비밀결사 사건으로 검거된 김규직,
    옥사함

14일 장진홍, 조선은행 대구지점 폭파 혐의로
    오사카에서 검거됨

27일 이천 권총 사건의 참의부원 이수흥, 유택수,
    서대문 형무소에서 순국함

3월 차금봉, 서대문 형무소에서 옥사함
    조선학생혁명당, 조선학생전위동맹으로 개편됨

4월 1일 현익철, 양세봉 등, 국민부를 조직함

6월 28일 신간회, 전국복대표전체대행대회를 개최함

7월 1일 신간회, 전국대표대회를 개최하여 간사제에서
    집행위원제로 직제 개편함

10일 여운형, 상하이에서 검거됨

10월 8일 조선일보사, 서울에서 경평축구대항전을 개최함

26일 한국유일독립당 상해촉성회가 해체됨

30일 나주역 사건이 발발함

31일 조선어연구회 유진태 등 108명,
    조선어사전편찬회를 조직함

11월 3일 광주학생항일운동이 발발함

1월 마오쩌둥의 홍군, 포위되어 징강산을
    포기함
    트로츠키, 국외로 망명함

2월 9일 소련·폴란드·루마니아·에스토니아·
    라트비아, 부전조약 실시에 관한
    리트비노프 의정서에 조인함

11일 무솔리니, 로마 교황과 라테란조약을
    체결함

3월 이탈리아, 전체주의 체제를 확립함

4월 16일 일본, 공산당 탄압으로 300여 명을
    검거함(4·16사건)

5월 16일 제1회 아카데미 시상식이 열림

6월 3일 일본·독일·이탈리아,
    중국국민당 정부를 승인함

7월 2일 일본, 하마구치 오사치 내각을 성립함

17일 소련, 중국과 국교 단절을 통보함

8월 11일 베이브 루스, 500개의 홈런을 친
    첫 선수가 됨

10월 소련군, 동삼성을 공격함

1929년

8일 경성의 각급 학교 학생들, 만세시위,
동맹휴학에 돌입함

16일 경찰, 광주 시내에 특별 경계령을 내림

12월 13일 민중대회를 준비 중이던 신간회 간부
40여 명이 체포됨

20일 국민부, 민족유일당조직동맹을 개편하여
조선혁명당을 조직함

24일 미국 월스트리트 주식시장이 붕괴됨
(검은 목요일)

11월 스탈린, 부하린을 축출함

12월 22일 소련과 장쉐량, 하바롭스크 강화
협정을 체결함

31일 인도 국민회의파, 간디의 독립결의안을
채택함, 대중적 불복종운동을 결의함

1월 10일 부산 조선방직회사 2,270명이 총파업을 함

24일 김좌진, 박상실에게 암살당함

25일 김구 등, 한국독립당을 창립함

2월 17일 장진홍, 조선은행 대구지점 폭탄 사건으로
사형을 선고받음

4월 8일 근우회, 전국대회 개최를 제재받음

17일 제2차 조선공산당 사건으로 체포된 권오설,
옥사함

5월 신흥군 장풍탄광, 파업함

30일 간도 5·30폭동(제4차 간도공산당 사건)이
일어남

7월 21일 단천 농민 2,000여 명, 삼림조합 해체와 검거된
면민의 석방 요구가 거부되자 경찰과 충돌함

31일 대구 형무소 수감자 1,500여 명,
장진홍의 사인 규명을 요구하며 시위를 벌임

8월 7일 평양 고무공장 노동자 1,800여 명,
동맹파업을 함

10월 1일 전국 인구 및 호구 조사를 실시함
(인구 21,058,305명)

24일 경성에 미쓰코시백화점이 개업을 함

27일 성진회 장재성 등 100여 명,
광주학생항일운동 관련하여 광주지법에서
징역 1~7년을 각각 선고받음

12월 13일 조선어연구회, 한글맞춤법통일안 제정을 결의함

1월 21일 런던군축회의가 열림(~4월 22일)

24일 일본, 일본공산당을 전국적으로
일제 검거함

2월 호찌민, 베트남공산당을 결성함
소련, 집단농장화운동을 강화함

18일 클라이드 톰보, 명왕성을 발견함

3월 12일 간디 지도하에
제2차 비폭력 저항 운동이 시작됨

4월 22일 일본, 런던해군군축조약에 조인함

5월 6일 중·일, 관세협정에 조인함

19일 남아프리카연방, 백인 여성에
보통선거권을 확대함

7월 13일 우루과이에서 제1회 월드컵이 열림

29일 중국, 창사 소비에트 정부를 수립함

9월 왕자오밍 등, 베이징에서
반장제스 지방정부를 수립함

10월 27일 타이완 우서 사건이 일어남

11월 14일 일본 하마구치 수상, 우익 청년에게
저격당하고 부상을 입음

12월 중국국민당군,
제1차 홍군 포위전을 벌임

강달영
1888~1940

사회주의 독립운동가. 경남 진주 출신으로 어릴 때부터 한학을 수학하고, 진주도립보통학교를 졸업하는 등 근대 학문도 익혔다. 1919년 3·1혁명 때 진주 지역 시위를 주도했다가 체포돼 1년 6개월을 복역했다. 출옥 후 노동·청년운동에 투신했다. 1921년 조선노동공제회 창립에 참가했으며, 조선노동공제회 진주지부 대표로서 경남 지역 노동운동을 주도했다. 조선일보 진주지국을 운영하다 1925년 조선공산당이 조직되자 가입하고, 11월 제1차 조선공산당 검거 사건이 일어나자 1926년에 조선공산당 책임비서 김재봉과 조직을 재건했다(제2차 조선공산당). 곧이어 김재봉에게 당 비서직을 넘겨받아 제2대 조선공산당 비서가 됐다. 제1차 조선공산당과는 달리 민족주의 진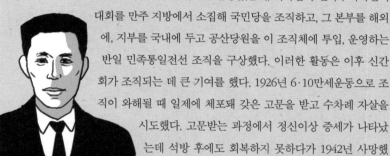영과의 공조에 힘을 써 국민당 결성을 목표로 활동했는데, 비타협적 민족주의자만의 대회를 만주 지방에서 소집해 국민당을 조직하고, 그 본부를 해외에, 지부를 국내에 두고 공산당원을 이 조직체에 투입, 운영하는 반일 민족통일전선 조직을 구상했다. 이러한 활동은 이후 신간회가 조직되는 데 큰 기여를 했다. 1926년 6·10만세운동으로 조직이 와해될 때 일제에 체포돼 갖은 고문을 받고 수차례 자살을 시도했다. 고문받는 과정에서 정신이상 증세가 나타났는데 석방 후에도 회복하지 못하다가 1942년 사망했다. 1990년 건국훈장 애족장 수훈.

강병도
1908~?

사회주의 독립운동가. 1928년 2월경 조선공산당 경기도당 제5야체이카(세포 조직) 소속으로 활동하던 중 일본 경찰에 체포됐다. 출옥 후 경남남부적색노동조합 건설위원회를 결성하고 책임자로 활동했으며, 경남서부적색노동조합 및 진주적색노동조합 등을 조직, 결성했다.

강주룡
1901~1931

사회운동가, 독립운동가. 14세에 서간도로 이주해 20세에 5세 아래의 서간도 통화현 출신 최전빈을 만나 결혼했다. 남편 최전빈은 1921년 만주에서 채찬이 이끄는 독립군에 가담하여 활동하다 1923년 병으로 사망하고, 시집에서 쫓겨난 강주룡은 가족과 함께 국내에 들어와 평양에 정착, 평원고무공장에 일자리를 얻었다. 1930년대 초 평양의 고무공장들은 1929년부터 시작된 경제 대공황에 대응해 임금 삭감을 시도했다. 서울에서 1930년 5월 전 조선 고무공업자 대회가 열려 임금 인하가 결정됐고, 8월 초

평양고무공업조합에서 임금의 17퍼센트 삭감 방안을 노동자에게 일방적으로 통보하자 노동자들이 임금 삭감에 반대하는 투쟁을 시작했다. 1931년 5월 16일 평원고무 공장 여공들은 단식파업에 돌입했다. 여기에 참여했던 강주룡은 일제 경찰의 간섭으로 공장에서 쫓겨나자 지상 12미터 위의 을밀대 지붕으로 올라가 노동 생활의 참상을 호소하고 일제와 결탁한 자본가들을 비판하며 '여성 해방, 노동 해방'을 부르짖었다. 한국 최초의 고공투쟁 사례였다. 고공투쟁을 시작한 지 8시간 만에 일제 경찰에 의해 강제로 끌어내려져서도 단식투쟁은 지속됐다. 옥중에서도 54시간 동안 단식을 이어나갔다. 강주룡은 투옥 중 신경쇠약과 소화불량 등으로 보석 출감됐는데 병세가 악화돼 출감 두 달 만에 숨을 거두었다. 2007년 건국 훈장 애족장 수훈.

고명자
1904~?

사회주의자. 1918년에 보통학교를 졸업하고 1925년 3월 대구 신명여학교를 졸업했다. 조선총독부의원 조산부과(助産婦科)에 입학했으나 중퇴하고 사회주의 운동에 뛰어들었다. 1925년부터는 허정숙, 주세죽 등과 교유하며 조선여성동우회, 고려공산청년회, 경성여자청년동맹 등의 단체에서 활동했으며, 고려공산청년회가 소련으로 유학 보낸 청년 21인에 포함되어 김명시, 김조이 등과 모스크바 동방노력자공산대학에서 수학했다. 1929년 졸업 후 입국해서는 김단야와 조선공산당 재건을 위해 노력했다. 일제 경찰의 추적으로 1930년 체포되어 징역 2년, 집행유예 4년 형을 언도받지만 일제 경찰의 회유책을 통해 즉시 출감됐다. 1939년에는 친일 잡지 〈동양지광〉의 기자로서 친일 성향의 글을 쓰고 국민총동원운동에 참여하며 오하라 아키코(大原明子)로 이름을 바꾸기도 하는 등 일제의 황국신민화정책에 협력했다. 해방 후에는 좌익 여성운동에 참여했으나, 1950년 2월 남조선노동당 특수부 조직 사건에 연루돼 체포된 후 행적이 끊겼다.

고이허
1902~1937

독립운동가. 본명은 최용성이다. 배재학교를 졸업하고 학생운동을 전개했으며, 이후 만주로 건너가 항일운동에 뛰어들었다. 정의부에 가입해 재무부 집행위원이 되고, 1929년에는 조선혁명당 중앙위원, 국민부의 교육위원장을 맡았다. 같은 해 9월 국민부의 외무집행위원이 됐다. 1932년 1월 흥경 교외에서 조선혁명당 중앙집행위원장

이호원 등 10여 명의 간부들이 일제에 체포되자 중앙집행위원장 대리를 맡았다. 1만여 명의 군대를 훈련시키고, 중국 의군과 한중 연합작전을 도모하는 등 조선혁명당의 세력을 만회하기 위해 노력했다. 1934년 조선혁명군 총사령 양세봉이 순국하자 조선혁명당, 조선혁명군을 통합해 조선혁명군 정부를 출범시키고 중앙집행위원회장을 맡았으며, 일본 관동군이 흥경현 일대로 세력을 넓혀 조선혁명군 정부의 근거지를 포위해오자 부하들과 치열한 접전을 벌이다 결국 체포됐다. 이후 일본군의 혹독한 고문 끝에 1937년 순국했다. 1968년 건국훈장 독립장 수훈.

권오상
1900~1928

사회주의 독립운동가. 경상북도 안동 출신으로 중앙고등보통학교에 재학 중이던 1924년, 화요계 청년운동단체인 신흥청년회(新興靑年會)에 가입했다. 이듬해 연희전문학교에 입학하고, 고려공산청년회 및 조선공산당에 입당했으며 조선학생과학연구회 결성에 참여해 집행위원으로 활동했다. 1926년 4월 25일, 6·10만세운동을 추진하다 계획이 탄로나 권오설 등 지도자들은 체포되고 말지만 권오상이 이끄는 학생 조직 계획은 발각되지 않아 계획대로 만세운동을 추진했다. 권오상은 연희전문학교 학생들과 격문을 살포하고, 독립 만세를 부르면서 만세운동을 전개했다. 이 사건으로 체포돼 서대문 형무소에서 복역하던 중 고문의 후유증으로 1928년 5월 보석됐다. 고향으로 돌아오나 고문의 여독으로 같은 해 세상을 떠났다. 2005년 건국훈장 애족장 수훈.

권오설
1897~1930

사회주의 독립운동가. 경북 안동 출신으로 이후 화요회로 개칭되는 신사상연구회에 참여했다. 1923년 김찬의 권유로 코르뷰로 국내부에 참여하고, 조선노농총동맹의 당 야체이카 책임자가 됐다. 1925년 조선공산당에 가입하고, 당 결성 다음 날 박헌영 집에 18명이 모여 고려공산청년회를 조직했는데, 여기서 중앙집행위원으로 선임됐다. 1925년 신의주 사건으로 제1대 책임비서 박헌영이 검거되자 중앙집행위원 중 유일하게 국내에 남아 고려공산청년회 재건에 나서게 됐다. 곧 임시중앙간부를 구성하고 제2대 책임비서에 취임했으며, 이후 제2차 조선공산당 중앙집행위원과 고려공산청년회 책임비서로서 강력한 실권을 쥐었다. 1926년 6·10만세운동을 기획하면서 선전물 5만 매를 인쇄해 손재기 집에 감추었다가 6월 7일, 130여 명의 동지들과 경찰에 검거됐다. 이로 인해 제2차 조선공산당과 고려공산청년회는 해체되고, 권오설은 징역

5년 형으로 복역하던 중 사망했다. 2005년 건국훈장 독립장 수훈.

권태석
1895~1948

사회주의 독립운동가. 경상북도 김천 출신으로 1924년, 서울파 김사국을 책임비서로 하는 고려공산동맹에 가입했다. 1926년 조선민흥회에 참여하고, 1927년 신간회 창립에 가담했다. 이후 신간회 서무부 총무간사로 선임됐고, 같은 해 신간회 안에 프랙션을 두고 조선공산당의 지도를 구현하는 역할을 맡았으며, 서울 춘경원에서 열린 서울파의 조선공산당 제3차 당대회에 참석했다. 1929년 체포돼 6년 형을 선고받아 대전형무소에서 복역하다 1934년 석방됐다. 해방 이후 건국준비위원회에 참여했고, 1946년 신한민족당 대표로서 통합한국독립당을 창당하는 데 깊이 관여했다. 1947년 모스크바 3상 회의 지지안을 한국독립당에 제출하지만, 반탁 노선의 김구 등에 의해 한국독립당에서 제명당했다. 1948년 남북협상 참가를 위해 이북으로 가던 중 해주에서 사망했다. 2006년 건국훈장 애국장 수훈.

김규직
1909~1929

독립운동가. 부산제2상업학교에 재학 중이던 1927년에 같은 학교 동급생인 양정욱, 윤태윤 등 10여 명과 비밀결사인 독서회를 조직하고, 매월 정기적인 모임을 가지며 〈흑조〉라는 월간지를 만들어 비밀리에 학우들에게 선전했다. 이후 학생 중심의 독서회 활동으로는 항일투쟁 활동에 한계가 있다고 생각해 부산과 동래 지역 각계 인사들과 연합, 흑조회를 발족했다. 흑조회는 매월 정기 모임과 비밀월간지 발행 및 항일 민족정신을 고취하는 활동을 전개하고, 1928년 6월에는 부산제2상업학교에서 일본인 교사를 배척하는 배일 동맹휴학을 실시했다. 그해 겨울 일제 경찰에 의해 구속됐으며, 동래경찰서에서 친일 경찰 노덕술의 악랄한 고문에 시달리다 1929년 2월 13일, 옥사했다. 1996년 건국훈장 애족장 수훈.

김남수
1899~1945

사회주의 독립운동가. 경상북도 안동 출신으로 3·1혁명에 참여한 이후 독립운동에 뛰어들었다. 1923년, 양반 출신 이준태, 권오설, 안상길 등과 풍산소작인회를 조직하고, 1924년 사회주의 사상의 확산을 위해 화성회를 조직했다. 1925년 도산서원에서 소작료를 내지 못한 소작인들을 구타하자 도산서원 철폐운동을 추진하기도 했다. 제3차 조선공산당 간부로 활동하다 1928년 체포됐는데, 정신이상설이 나올 정도로 어렵게 옥살이를 했다. 이후에도 여러 차례 체포와 투옥을 반복하다 해방 직전 사망했다. 2005년 건국훈장 애족장 수훈.

김덕기

1890~?

親日

친일 반민족 행위자. 강원도 양양 출신으로 1913년 일제 경찰에 임명돼 1934년까지 경시 계급으로 고등경찰 과장을 거치면서 수많은 독립운동가를 체포하고 고문했다. 1,000여 명에 달하는 사상범을 체포했는데, 정의부 군사 총사령관 오동진, 독립군단체인 낭림대 대원 장창헌, 일목장군 이진무 등과 같이 쟁쟁한 독립운동가도 김덕기에게 체포됐다. 오동진은 옥사하고 장창헌은 체포 과정에서 사살됐으며, 이진무는 사형에 처해졌다. 1923년 의열단이 현직 경찰 황옥을 활용해 계획한 폭탄 의거를 사전에 탐지하고 이를 저지함으로써 경찰 최고 훈장인 경찰 공로기장을 받았다. 이후 행정 관료로 전직해 1934년 전라북도 내부무 산업과장을 시작으로 해방 때까지 경상남도 참여관 겸 농상부장을 지냈다. 1949년 경기도 양주에서 반민족행위특별조사위원회에 체포돼 최초로 사형선고를 받지만, 반민특위가 흐지부지되면서 한국전쟁 직전 풀려났다. 친일반민족행위 진상규명위원회가 발표한 친일반민족행위 705인 명단에 포함됐다.

김동명

1895~?

사회주의 독립운동가. 본명은 김지종, 함경남도 북청 출신이다. 1921년 모스크바 동방노력자공산대학을 졸업하고 화요회 일원으로 활동했다. 제1차 조선공산당 사건에서 벗어나 고려공산청년회 만주총국을 조직하고 그 책임자가 됐다. 1927년 제1차 간도공산당 사건 때 경찰에 체포돼 1933년까지 복역했다.

김명동

1902~1950

독립운동가, 정치가. 충청남도 공주 출신으로 3·1혁명에 참가한 이후 1927년 신간회 발기인으로 참여하고 중앙집행위원으로 활동했다. 해방 이후에는 대한독립촉성회에서 활동하다가 제헌 국회의원과 제2대 국회의원이 됐다. 제헌 국회의원 시절에는 국회 내 반민특위 조사위원으로 활동했다.

김병로

1887~1964

독립운동가, 법조인, 정치가. 전라북도 순창 출신으로 1905년 최익현에게 감화받아 순창의 일인 보좌청을 공격하기도 했다. 1910년 이후 일본으로 유학해 1913년 메이지대학 법학과를 졸업했다. 일본 유학 중에 잡지 〈학지광〉의 편집장을 맡았으며, 귀국 후 1919년에 경성지방법원 소속 변호사로서 개업해 김상옥 의사 사건, 광주학생항일운동, 6·10만세운동, 조선공산당 사건 등 수많은 독립운동 관련 사건을 무료로 변론하고, 독립운동가들의 가족을 돌보는 활동까지 했다. 이러한 활동을 배경으로 1927년 신간회가 성립됐을 때 중앙집행위원장으로 활동했다. 신간회 해소 이후 사상 사건에 대한 변론이 제한되자 1932년부터는 경기도 양주에서 농사를 지으며 해방될 때까지 13년간 은둔 생활을 했다. 해방 이후 1948년 초대 대법원장을 지내면서 정치적 간섭으로부터 사법부 독립을 유지하기 위해 노력했다. 퇴임 이후인 1963년, 민정당 대표최고위원 등을 역임하며 윤보선, 허정과 야당 통합 및 대통령 단일 후보 조정 작업을 진행했다. 1963년 건국훈장 독립장 수훈.

김사민
1898~?

사회주의 독립운동가. 충청남도 연산 출신으로, 사회주의 운동가이자 독립운동가인 김사국의 동생이다. 조선보병대에 입대해 3년간 근무하고, 이후 3·1혁명에 참가했다. 1920년 8월 미국 의원단이 조선을 내방했을 때, 조선독립청원서를 제출하고 시위운동을 기획했는데, 이 사건으로 동료 15인과 체포되어, 인천의 덕적도에서 1년간 거주 제한 명령을 받았다. 1922년 8월, 고려공산청년회 중앙총국의 책임비서가 되고, 서울파 공산그룹의 지도자 역할을 맡았다. 신생활사 사건으로 체포된 후 징역 2년의 형을 선고받아 서대문 형무소에서 수감 생활을 하던 중, 부당한 대우에 항의하며 간수의 칼을 빼앗아 대항한 사건으로 심한 고문을 받아 정신이상 증상을 갖게 됐다. 1925년 3월 조선노동대회를 경성노동회로 개편하는 데 참여하고 집행위원이 됐다. 2009년 건국훈장 애족장 수훈.

김상철
1899~1974

독립운동가. 충청남도 천안 출신으로, 1919년 4월 1일 갈전면(葛田面) 아우내 장날을 기해 일어난 독립만세시위에 참가했다. 일본 군경의 발포로 일시 귀가한 시위 군중이 이날 오후 4시경, 순국자의 가족과 함께 시체를 헌병주재소에 운반해놓고 항의할 때 김상철은 주재소로 달려가 유치장의 벽을 걷어차며 강력히 항의하다 체포됐다. 그리고 9월 11일, 고등법원에서 징역 6월 형이 확정돼 옥고를 치렀다. 1921년에는 서울에서 혁신단을 발기해 통의부원, 상무위원 등을 역임하고, 이후 1924년 중국에서 군자금 조달의 사명을 띠고 입국해 활동하다 체포돼 서대문 형무소에서 복역했다. 1968년 대통령 표창, 1990년 건국훈장 애족장 수훈.

김성숙
1898~1969

독립운동가, 정치인. 평안북도 철산 출신으로 본명은 김성암, 법명이 성숙이다. 19세에 용문사로 출가했다. 1919년 3·1혁명에 참여했다가 2년간 옥에 갇혔으며 1922년에는 조선무산자동맹 및 조선노동공제회에서 활동했으나 일제의 탄압이 심해지자 중국으로 망명해 베이징 민국대학에서 정치학과 경제학을 공부했다. 이후 장건상, 양명, 김봉환, 이낙구 등과 창일당을 조직하고, 기관지 〈혁명〉을 통해 사회주의자들의 종파적 분열을 반대했다. 1925년 베이징 정부로부터 추방당해 광둥 중산대학으로 거처를 옮겼다. 1927년 중산대학 정치학과를 졸업하고 광둥 인민 봉기에 가담하나 실패하고, 이후 신문화운동과 반제국동맹 간부로 활발히 활동했다. 1937년 중일전쟁이 발발하자 조선민족전선연맹을 조직했으며 다음 해 한커우로 이동해 김원봉과 조선의용대를 조직, 지도위원 겸 정치부장에 선임됐다. 1942년에는 대한민국임시정부에서 국무위원으로 활동했고, 해방 이후에는 여운형과 좌우합작운동을 일으켰다. 1947년 근로인민당을 조직하나 2개월 만에 당수인 여운형이 암살돼 당의 힘은 크게 떨어졌다. 1950년 5·30선거 당시 고양군에 출마하나 낙선하고, 1955년에는 조봉암, 서상일 등 혁신계 인사들과 관계하며 진보당 추진위원회를 조직했다. 이후 근로인민당 재건 사건과 진보당 사건으로 큰 탄압을 받았다. 4·19혁명 이후 통일사회당 정치위원이 되지만 5·16군사정변으로 10개월간 옥에 갇혔다. 이후 1966년 신민당 창당에 참여해 지도위원이 됐다. 1982년 건국훈장 독립장 수훈.

김세연
1900~1933

사회주의 독립운동가. 본명은 김성현이다. 황해도 장연 출신으로 1920년 와세다대학 정경학부에 입학해 재일 유학생의 학생운동에 참여했다. 귀국 후 조선공산당에서 활동했으며, 1927년 제3차 조선공산당 책임비서로 활약하다 이듬해 제3차 조선공산당 사건으로 체포됐다. 혹독한 고문 후유증으로 병보석 석방되나 병세가 악화돼 사망했다. 2011년 건국훈장 애족장 수훈.

김승학
1881~1965

독립운동가. 평안북도 의주 출신으로 한성고등사범학교를 졸업하고, 1907년 정미칠조약 반대 연설을 했다. 국권피탈 후 남만주 류허현으로 건너가 독립운동을 하고 대한민국임시정부가 수립되자 평안도와 황해도 일대에서 연통제를 조직했다. 1921년에는 임시정부 기관지인 〈독립신문〉을 발행하는 독립신문사 사장에 취임했다. 1928년 신의주에서 체포돼 5년 3개월간 복역하고 출옥 후 다시 임시정부에서 독립운동을 했다. 해방 후 귀국해서는 독립신문사 사장, 대한독립촉성회 부위원장 등을 맡았고《한국독립사》를 저술했다. 1962년 건국훈장 독립장 수훈.

김원식
1889~1940

독립운동가. 경상북도 안동 출신으로 1919년 안동 지방에서 만세시위를 주도하고 만주로 피신한 후 서로군정서에 가담했다. 1928년 삼부 통합을 주도해 혁신의회의 중앙집행위원장이 됐다. 1934년에는 한국독립당 대표로 한국혁명당 대표 윤기섭 등을 만나 신한독립당을 창설했다. 동북군사위원으로 활동하던 중 체포돼 간도 형무소에서 2년간 복역 후 1940년 순국했다. 1968년 건국훈장 독립장 수훈.

김조이
1904~?

사회주의 독립운동가. 경상남도 창원 출신으로, 1922년 창원 계광학교를 졸업하고 서울 동덕여자고등보통학교에 진학했다. 1925년 주세죽, 허정숙 등과 경성여자청년동맹 창립 발기인으로 참여하고, 2월에 전조선민중운동자대회 준비위원으로 활동하던 중 적기시위 사건에 연루돼 검거됐다. 고려공산청년회에서 활동하다 1925년 11월, 고려공산청년회에서 동방노력자공산대학으로 보낸 청년 21인에 포함되어 유학을 떠났다. 1931년 9월에는 코민테른 동양부의 조선공산당 재건 지시를 이행하기 위해 국내로 잠입하나 제2차 태평양노동조합 사건의 주동자로 검거돼 징역 3년을 선고받았다. 1937년 출소한 후 조봉암과 만나 가정을 꾸렸다. 1945년 해방 후 조선부녀총동맹 대의원, 민주주의민족전선 결성대회 중앙위원 등의 직을 맡는 등 활발히 활동하다 1950년 한국전쟁중 납북됐다. 2008년 건국포장 수훈.

김준연
1895~1971

사회주의 독립운동가, 정치가, 언론인. 전라남도 영암 출신으로 1921년 도쿄 제국대학 법학부를 거쳐 1922년부터 1924년까지 베를린대학에서 정치와 법률학을 연구했다. 귀국 후에는 신간회에 참여했고 제3차 조선공산당에도 참여해 책임비서로 활동하다가 1928년, 일제에 조직이 발각돼 7년간 복역했다. 1936년 〈동아일보〉 주필을 역임하고 있을 때, 베를린 올림픽에서 마라톤 금메달을 딴 손기정 선수의 일장기 말살 사건에 연루돼 사임하고, 해방 이후에는 송진우와 함께 활동해 한국민주당 상무집행위원이 됐다. 1950년 법무부 장관, 1956년 민주당 최고위원이 됐으며 유엔 한국 대표를 지내기도 했다. 1957년 통일당을 조직해 위원장이 됐고, 이후 국회의원 등 정치인으로 활동하면서 1967년에는 민중당 총재로 대통령에 출마했다. 1963년 대통령 표창, 1991년 건국훈장 애국장 수훈.

김재명
1900~1930

사회주의 독립운동가. 광주 출신. 1926년 고려공산청년회 중앙위원이 되고, 1927년에는 고려공산청년회 전남도기관 책임비서가 됐다. 이 무렵 고려공산청년회 광주야체이카를 설치하고 그 책임을 맡으면서 광주를 대표하는 사회운동가가 됐다. 1927년 신간회 광주지회 설립에 깊숙이 참여하고 1928년에는 조선공산당 중앙집행위원으로 선임됐으며 제4차 고려공산청년회 책임비서가 됐다. 이후 제4차 조선공산당 검거 사건으로 옥고를 치르다 폐결핵으로 보석되나 옥고 후유증으로 사망했다. 2006년 건국훈장 애국장 수훈.

김창의
1885~1923

독립운동가. 평안북도 정주 출신으로 1919년 3·1혁명 때 독립운동을 하다 만주로 망명했다. 대한민국임시정부가 수립되자 평안북도에서 연통제 조직을 주도했다. 1922년 대한통의부 선전국장으로 만주 관전현에 머물던 중 대한통의부의 분열 과정에서 나온 의군부에게 적으로 오인돼 순국했다. 1963년 대통령 표창, 1990년 건국훈장 애족장 수훈.

나석주
1892~1926

독립운동가. 황해도 재령 출신으로 명신학교에서 2년간 수학하고, 23세에 중국 지린성 북간도로 망명해 4년간 신흥무관학교에서 군사훈련을 받은 뒤 귀국, 항일 공작원으로 일했다. 1919년 국내에 들어와 3·1혁명에 참여했다가 일제 경찰에 붙잡혔는데, 이후 일제의 감시가 심해지자 사리원으로 옮겨 표면적으로는 정미업을 경영하면서 동지들을 규합하고 독립운동을 계획했다. 1920년 김덕영, 최호준 등 50명의 동지들과 항일 비밀결사를 조직하고 무기를 구입해 군자금 모금 활동, 친일파 숙청 등을 전개했는데, 사리원의 최병항과 안악의 원형로 등의 부호에게서 건네받은 독립운동자금을 중국 상하이에 수립된 대한민국임시정부로 송금하고, 대한독립단 단원들과 합세해 악질 친일파인 은율군수를 처단하는 등 큰 활약을 펼쳤다. 이들의 활동이 황해도 일원으로 확대되면서 일본 경찰이 감시를 강화하자 나석주는 상하이로 망명해 대한민국임시정부에 참여, 김구가 지휘하는 경무국 경호원으로서 임시정부와 정부 요인의 경호를 담당했다. 1923년에는 정식 군사교육을 받기 위해 중국 허난성 한단의 중국 육군 군관단 강습소에 입교해 중국군 장교로 복무했고, 1926년 상하이로 돌아와서는 임시정부에서 활동하다 항일 독립운동단체인 의열단에 입단했다. 그런데 그해 6월 김창숙에게서 동양척식주식회사, 조선은행, 조선식산은행을 폭파해 일제의 경제 침탈을 응징하는 것이 중요하다는 이야기를 듣고, 김창숙, 유자명, 한봉근, 이승춘 등과 구체적인 거사 계획을 마련해 12월, 중국인 노동자 마중덕으로 변장한 뒤 인천으로 잠입했다. 조선식산은행을 폭파하기 위해 투척한 폭탄은 불발이었고, 나석주는 곧이어 동양척식주식회사를 공격했다. 그곳에서 권총을 사용해 일제 경찰 경감 다하타 유이지 등 여러 명의 일본인을 사살하나 역시 투척한 폭탄이 불발해 소기의 성과는 거두지 못했다. 일제 경찰이 추격해오자 나석주는 소지하고 있던 권총으로 자결을 시도하지만 중상을 입고 쓰러진다. 일제 경찰이 즉시 병원으로 긴급 이송해 이름을 물으니 자기의 성명과 의열단원임을 밝히고 순국했다. 후에 장남 나웅섭이 백운학으로 개명해 중국으로 탈출한 후 이러한 사실을 임시정부에 보고했다. 1962년 건국훈장 대통령장 수훈.

나창헌
1896~1936

독립운동가. 평안북도 희천 출신으로 경성의학전문학교에 다니던 중 3·1혁명 학교 대표로 활동하다 체포됐다. 수감 생활을 마치고 나와 안재홍 등과 청년외교단을 조직하는 한편, 대동단의 비밀단원으로 의친왕 이강을 상하이 대한민국임시정부로 망명시키려 했으나 일제에 발각되고 만다. 1920년 상하이로 귀환해 독립운동가의 각성을 촉구하고 임시정부의 체질 개선을 주장하며 무력투쟁 중심의 철혈단을 결성했다. 1922년에는 상하이 임시정부의 외곽 지원 단체인 한국노병회 이사로 선임되고 교육부원으로 활동했으며, 1924년에는 계속 한국노병회를 이끌어 독립운동에 전념하면서 교민단 의사회의 학무위원과 의사원을 지냈다. 1925년에는 이승만 대통령 탄핵 심판위원장으로서 이승만 대통령 탄핵안을 임시의정원에 제의해 통과시켰다. 이후 대한민국임시정부 임시의정원 의원과 경무국장, 내무부 차장 등을 지냈으며, 친일 밀정을 색출해 처단하는 병인의용대장을 지냈다. 동시에 의사로서 병원을 경영하며 환자 치료에 힘쓰기도 했다. 상하이 일본영사관 폭파 계획을 세웠지만 사전에 탄로가 나 항저우로 피신했다가 충칭에서 병사했다. 1963년 건국훈장 독립장 수훈.

노덕술
1899~1968
親日

친일 반민족 행위자. 울산 출신으로, 1920년 6월 경상남도 순사에 임명됐다. 경남순사교습소를 졸업한 뒤 경남경찰부 보안과를 거쳐 울산경찰서 사법계에 근무했다. 1924년 경부보로 승진한 뒤 의령, 거창, 동래 등에서 근무했으며, 경남 지역 독립운동가들을 체포, 고문해 독립운동을 탄압하는 데 앞장섰다. 이후 경부로 승진해 서울, 인천, 개성 등 각 경찰서 사법주임을 거쳤고 1943년 평안남도 보안과장으로 승진했다. 해방 이후 평양경찰서 서장을 맡다가 1945년 12월에 월남, 1946년 6월 수도경찰청장 장택상에 의해 수도경찰청 수사과장에 기용되어 반이승만 세력 숙청과 좌익 검거에 앞장섰다. 1949년 1월 반민특위에 체포됐는데, 이승만 대통령이 '노덕술은 반공 투사'라며 그의 석방을 요구하기도 했다. 반민특위가 와해된 뒤 헌병으로 전직해 육군본부 제1사단 헌병대장, 부산 제2육군범죄수사단 대장 등을 지냈으며, 1955년 뇌물 수뢰 혐의로 군법회의에 회부돼 파면됐다. 1960년 제5대 민의원 선거에 고향인 울산에서 무소속으로 출마하나 낙선했다.

박동완
1885~1941

독립운동가, 언론인, 목사. 경기도 포천 출신으로, 양사동소학교, 한성중학교, 관립외국어학교 등에서 공부하고 1915년 기독교신보사에 입사해 서기와 주필로 활동했다. 3·1혁명에 기독교계를 대표하는 민족대표로 참여해 2년 형을 선고받았다. 출소 이후에도 계속해서 기독교 언론 활동을 벌이는 한편, 1926년 제2차 조선공산당 책임비서 강달영과 국민당 결성을 협의하고 신간회에도 참여해 총무간사를 역임했다. 신간회 해소 이후에는 일제의 탄압을 피해 1928년 하와이로 이주, 기독교와 연계된 독립운동을 지속적으로 전개하다 병사했다. 1962년 건국훈장 대통령장 수훈.

박래원
1902~1982

사회주의 운동가, 독립운동가, 천도교 지도자. 서울 출신으로 1921년 대동인쇄 문선공으로 일하면서 청년운동을 전개했고, 1924년 조선노농총동맹에 가입해 노동운동도 전개했다. 1925년 서울인쇄직공청년동맹 결성을 주도하고, 조선공산당과 고려공산청년회에 가입했으며, 1926년 천도교청년동맹, 정우회 등에도 가입했다. 1926년 6·10만세운동을 주도하기 위해 권오설 등과 함께 조직과 연락하고 유인물을 인쇄하다 일제 경찰에 검거돼 5년 동안 복역했다. 출감 후 1930년부터는 천도교 활동에 전념했고 일제 말기에는 가평에 은거했다. 해방 이후 여러 정치 활동을 하고 4·19혁명 이후에는 민족자주통일중앙협의회 부의장에 선임됐다. 그러나 5·16군사정변 때 검거돼 2년 6개월 동안 복역했다. 출감 후 다시 천도교 활동에 전념해 1971년에는 천도교 종법사가 됐다. 2005년 건국훈장 애족장 수훈.

박래홍
1894~1928

독립운동가, 종교인. 천도교 4대 교주인 박인호의 아들이다. 천도교에서 천도교 총연맹 중앙위원장을 역임했으며 1927년 신간회 창립 때 천도교를 대표해 신간회에 참여, 총무간사를 맡았다. 1928년 일제 밀정에게 살해당했다.

박상실
?~?

공산주의자. 1930년 만주에서 독립운동을 하던 김좌진을 살해했다. 일명 박상범, 김신준, 최영석이라고도 하나 이후 기록이 정확하지 않아 신원이 밝혀지지 않았다.

박윤서
1895~?

사회주의 운동가, 독립운동가. 본명은 박윤세다. 러시아 연해주 출신으로 고려공산당에서 활동하다 1924년 고려공산청년회 만주총국을 조직해 책임비서가 됐다. 1926년 조선공산당 만주총국 군사부장으로 활발히 활동하다 제1차 간도공산당 사건에 따른 일제의 탄압을 피해 소련으로 피신했다. 1928년 블라디보스토크에서 ML파 만주총국을 조직해 군사부장이 되고, 1930년 일국일당 원칙으로 조선공산당 만주총국을 해체한 후 중국공산당에 가입해 전동만폭동위원회를 조직했다가 같은 해 간도 5·30봉기를 주도했다. 1933년 지린에서 체포됐다.

박인호
1855~1940

독립운동가. 빈농 출신으로 매우 가난한 어린 시절을 보냈다. 1883년 동학에 입도한 후 교조신원운동에 참여하면서 교단의 지도자로 부상했고 동학농민전쟁에도 참여해 전공을 거두었다. 1908년 천도교 제4대 교주가 되어 조직과 규칙을 개편하고 교단을 안정시켰으며, 교리 강습소를 전국적으로 설립하고 동덕여학교, 양덕여학교, 삼호보성소학교, 문창학교 등 7개의 학교를 인계해 관리하는 등 교육운동에 나서고 여성교육에도 힘썼다. 강습소를 통해 배출된 교인들은 이후 3·1혁명에서 주도적인 역할을 했다. 3·1혁명 당시에는 민족대표 48인 중 한 사람으로서 총 6만 5,000원의 자금을 지원하고, 윤익선과 함께 독립선언서 발표의 전말을 밝히고 독립사상을 고취하는 내용의 원고를 작성해 배포했다. 그러다 결국 3월 10일, 독립운동자금 모집 혐의로 체포돼 1년 8개월간 옥고를 치렀다. 수감 생활을 마친 후 1922년 1월 다시 교주로 취임하나 교단 내 갈등을 이유로 6월에 사임했다. 하지만 6·10만세운동을 지원하고, 1927년 신간회가 창립되자 아들 박래홍과 많은 교인을 참여시켰다. 1938년에는 지병을 앓는 와중에도 멸왜기도운동(滅倭祈禱運動)을 전개했다. 1940년 병사했다. 1990년 건국훈장 독립장 수훈.

박준채
1914~2001

독립운동가, 대학교수. 전라남도 나주 출신으로, 광주고등보통학교 2학년 때인 1929년 10월 30일, 광주-나주 간 통학 열차에서 일본 학생들이 사촌누나인 박기옥과 이광춘 등 여학생들을 희롱하는 것을 목격하고 일본 학생들을 응징했다. 이 사건은 광주학생항일운동의 도화선이 됐다. 이후 광주학생항일운동에 적극 참여했다가 일제 경찰에 체포됐다. 3개월의 옥고를 치른 후 서울 양정고등학교에서 학업을 마치고 일본으로 건너가 와세다대학 정경학부를 졸업했다. 해방 후 1960년부터 조선대학교에서 각종 보직을 역임했으며, 1980년 조선대학교 교수 시국 양심선언에 관여했다. 1982년 대통령 표창, 1988년 국민훈장 석류장, 1990년 건국훈장 애족장 수훈.

박차정
1910~1944

독립운동가. 부산 동래 출신으로 항일 의식이 강했던 아버지 박용한과 신간회에서 활동한 오빠 박문희의 영향을 받아 어릴 때부터 민족의식을 강하게 갖고 있었다. 일신여학교에서 항일 학생운동을 주도해 옥살이를 했고, 1927년 근우회가 창립되자 동래지회 결성에 참여했으며, 이후 서울로 올라와 1929년, 근우회 중앙집행위원이 되는 등 지도부로 부상했다. 1930년 1월, 광주학생항일운동 지원 명목으로 서대문 형무소에 3개월 동안 수감됐다가 병보석으로 풀려났다. 같은 해, 베이징 화북대학(華北大學)을 졸업하고 의열단에 가입했으며, 1931년 의열단장 김원봉과 결혼했다. 1932년에는 난징에서 조선혁명군사정치간부학교 여자부 교관을 맡았고, 남편과 함께 1935년 민족혁명당, 1937년 조선민족전선연맹, 1938년 조선의용대 창설과 운영에 관여하면서 부녀자들의 민족의식을 고취하기 위해 노력했다. 1939년 곤륜산전투에서 일본군과 전투 중에 부상을 당하는데, 결국 그 후유증으로 1944년 사망했다. 1995년 건국훈장 독립장 수훈.

백남운
1895~1979

역사학자, 경제학자, 정치가. 전라북도 고창 출신으로 1925년 도쿄상과대학을 졸업하고 귀국해서는 연희전문학교 교수로 근무했다. 한국의 원시, 고대, 중세에 대한 경제사적 연구에 집중해 1933년 《조선사회경제사》를 발간했다. 마르크스의 유물사관과 계급투쟁론에 입각해 일제가 주장하는 정체성론을 반박함으로써 한국 경제사학 발전에 크게 기여했다. 1922년부터 이승훈, 한용운, 조만식, 허헌 등과 민립대학 설립운동을 전개, 1923년 4월에는 민립대학 기성준비회를 결성하고 중앙부에서 활동했다. 해방 이후에는 좌익 계열 정당에서 활동하며 여운형과 근로인민당을 조직하고 부위원장으로 있다가 월북했다. 이후 북한에서 교육상, 과학원 원장, 최고인민회의 의장 등을 역임했다.

송학선
1897~1927

독립운동가. 서울 출신으로 집안이 가난해 보통학교를 중퇴하고 방랑하다가 1909년, 남대문로에 있는 일본인이 경영하는 농기구회사에 들어갔다. 병이 나 일은 그만두었지만 일본인 밑에서 일하는 동안 일제에 반감을 갖게 돼 평소 흠모하던 안중근의 의거와 같은 항일운동을 하기로 결심했다. 1926년 4월 순종이 죽자, 조선 총독 사이토마코토가 조문을 위해 창덕궁에 올 것을 예상하고 암살을 계획했다. 4월 28일 창덕궁 금호문 앞에서 대기하던 중 일본인민회 이사 가토, 국수회 부회장 다카야마, 경성부협의회 의원 이케다 등이 탄 차를 총독 일행이 탄 차로 잘못 알고 뛰어올라 이들을 찌르고 달아나던 중 휘문고등보통학교 교문 앞에서 체포돼 서대문 형무소에서 순국했다. 1962년 건국훈장 독립장 수훈.

심훈
1901~1936

문학가, 영화인. 본명은 심대섭으로, 1901년 서울에서 태어나 1915년 경성 제일고등보통학교에 입학했으며 1917년 조선 왕족인 이해영과 혼인했다. 1919년 3·1혁명에 참여했다가 체포됐으며, 경성 제일고등보통학교에서는 퇴학을 당했다. 1920년 중국으로 망명해 항저우 치장대학 국문학과에 입학하나 1923년 중퇴하고 귀국한 뒤 동아일보사에 입사해 기자 생활을 하면서 연극, 영화, 소설 등을 쓰기 시작했다. 1926년 우리나라 최초의 영화소설 《탈춤》을 〈동아일보〉에 연재한 것을 계기로 영화계에 투신, 이듬해 일본으로 건너가 본격적인 영화 수업을 받은 뒤 귀국해 영화 〈먼동이 틀 때〉를 원작, 각색, 감독했다. 1928년 조선일보사에 입사해 1930년 〈조선일보〉에 장편 《동방의 애인》을 연재하다가 일제의 검열로 중단하고, 이어 옥중투쟁 문제를 다룬 〈불사조〉를 연재하나 다시 중단당한다. 같은 해에 시 〈그날이 오면〉을 발표하고, 1932년 시집 《그날이 오면》을 출간하려 했으나 일제의 검열로 무산되고, 1935년 농촌계몽 소설 《상록수》가 〈동아일보〉 창간 15주년 기념 장편소설 특별공모에 당선됐다. 《상록수》는 그해 9월 10일부터 이듬해 2월 15일까지 〈동아일보〉에 연재돼 당시 사람들의 큰 호응을 얻었다. 1936년 장티푸스로 사망했다. 2000년 건국훈장 애국장 수훈.

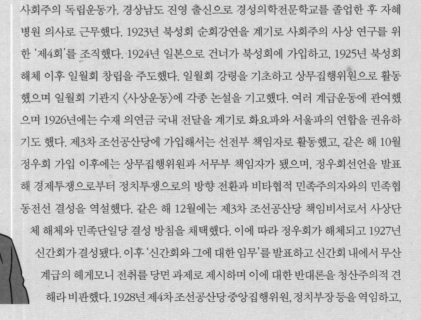

안광천
1897~?

사회주의 독립운동가. 경상남도 진영 출신으로 경성의학전문학교를 졸업한 후 자혜병원 의사로 근무했다. 1923년 북성회 순회강연을 계기로 사회주의 사상 연구를 위한 '제4회'를 조직했다. 1924년 일본으로 건너가 북성회에 가입하고, 1925년 북성회 해체 이후 일월회 창립을 주도했다. 일월회 강령을 기초하고 상무집행위원으로 활동했으며 일월회 기관지 〈사상운동〉에 각종 논설을 기고했다. 여러 계급운동에 관여했으며 1926년에는 수재 의연금 국내 전달을 계기로 화요파와 서울파의 연합을 권유하기도 했다. 제3차 조선공산당에 가입해서는 선전부 책임자로 활동했고, 같은 해 10월 정우회 가입 이후에는 상무집행위원과 서무부 책임자가 됐으며, 정우회선언을 발표해 경제투쟁으로부터 정치투쟁으로의 방향 전환과 비타협적 민족주의자와의 민족협동전선 결성을 역설했다. 같은 해 12월에는 제3차 조선공산당 책임비서로서 사상단체 해체와 민족단일당 결성 방침을 채택했다. 이에 따라 정우회가 해체되고 1927년 신간회가 결성됐다. 이후 '신간회와 그에 대한 임무'를 발표하고 신간회 내에서 무산계급의 헤게모니 전취를 당면 과제로 제시하며 이에 대한 반대론을 청산주의적 견해라 비판했다. 1928년 제4차 조선공산당 중앙집행위원, 정치부장 등을 역임하고,

'코민테른에 보고하는 국내 정세에 관한 보고', '민족해방운동에 관한 논강' 등을 작성하며 활발히 활동하다 그해 5월, 부인 이현경을 불법 복당시킨 것이 당규를 문란시켰다는 이유로 비판받으면서 출당 처분을 당하고 중국 상하이로 망명을 떠났다. 1929년 베이징에서 김원봉과 조선공산당 재건설동맹을 조직하고 위원장이 됐으며, 1930년부터 레닌주의정치학교에서 활동했다.

안기성
1898~?

사회주의 독립운동가. 경상북도 안동 출신으로, 남로당 간부인 이승엽의 장인이다. 3·1혁명에 참가했으며, 1920년대 신사상연구회, 토요회, 화요회 등 사회주의 사상 단체에 참가했다. 1923년 코르뷰로 국내부에서 활동했으며, 1925년 조선노농총동맹 중앙집행위원으로 선임됐고, 같은 해 조선공산당에 가입했다. 1926년 제2차 조선공산당 사건을 피해 만주로 가서는 조선공산당 만주총국 동만구역국 책임비서가 되고, 1927년 제1차 간도공산당 사건으로 일제 경찰에 체포됐다. 징역 5년을 구형받아 복역 중 옥중 만세운동을 주도함으로써 징역 6월이 추가돼 1935년에 출옥했다. 해방 이후 장안파 공산당 재건 운동에 참여해 활발한 활동을 벌였고, 1946년 민주주의민족전선 결성에 참여해 상임위원 및 사무국 재정부장이 됐다. 1947년 미 군정에 체포됐으며, 1948년 해주에서 열린 남조선 인민대표자대회에서 제1기 최고인민회의 대의원으로 선출됐다.

양명
1902~?

사회주의 독립운동가. 경상남도 통영 출신으로, 1919년 베이징대학 문과에서 수학했다. 1925년 베이징에서 결성된 혁명사에 가담하고 〈혁명〉이란 잡지를 발행했다. 1925년 귀국해 〈조선일보〉 기자로 일하면서 조선공산당에 가입하고, 1926년 ML파 결성에 참여했다. 이후 고려공산청년회를 지도하는 등 조선공산당에서 활발히 활동했다. 1928년 코민테른 제6차 대회에 대표로 파견돼 코민테른 동양부에 조선공산당 보고서를 만들어 제출했는데, 주요 내용은 조선공산당 지부 승인 취소 결정을 번복해 달라는 것이었다. 이후 베이징에서 ML파 기관지 〈계급투쟁〉을 발행하고 여러 이름으로 기고문을 실었다. 1932년 모스크바에서 조선 관련 글을 썼으며, 이후 모스크바에서 외국 출판사 한글 담당 직원으로 일했다.

양세봉
1896~1934

독립운동가. 평안북도 철산 출신으로 1917년 압록강을 건너 만주로 이주, 소작농 생활을 했다. 1919년 3·1혁명이 일어나자 만주 신빈현에서 만세시위를 주도하고 1922년 평안북도 삭주군 천마산을 근거로 무장 항일운동을 전개하던 최시흥의 천마산대에 합류해 친일파 암살, 일제 행정기관 파괴 등의 무장 항일운동에 뛰어들었다. 1923년 일제의 탄압으로 천마산대의 국내 활동이 어려워지자 천마산대와 함께 중국 지린성으로 건너가 광복군총영에서 활동했고, 참의부가 결성되자 소대장으로서 활발한 국내 진입 작전을 전개해 제3중대장까지 승진했다. 1929년 국민부에 참여해 국민부 소속 조선혁명군의 중대장에 취임하고, 1931년 신빈현에서 일본군의 기습에 의해 조선혁명군의 간부 다수가 체포되자 조선혁명군의 전열을 정비해 총사령에 올랐다. 1932년 만주국이 건국되고 일본군이 만주 지역을 장악하자 일제에 대항하기 위해 중국의용군 총사령관 이춘윤과 함께 한중연합군을 편성했다. 한중연합작전으로 3월, 영릉가성을 공격해 탈환하고, 1933년 흥경성까지 함락시켰다. 이후 독립군 양성을 위해 조선혁명군 군관학교를 설립했으며, 노구대, 쾌대모자에서도 일본군에 맞서 승리를 거두었다. 1934년 8월, 밀정인 박창해의 유인책에 의해 대원들과 함께 환인현 소황구에서 일본군에게 포위돼 끝까지 저항하다 순국했다. 1962년 건국훈장 독립장 수훈.

양정욱
1909~1931

독립운동가. 1927년 부산제2상업학교 재학 중에 동급생 김규직 등과 항일 비밀결사인 독서회를 조직했다. 그해 가을, 항일투쟁 활동을 보다 활발하게 전개하기 위해 독서회를 해체하고 흑조회(또는 혁조회)를 발족시켰다. 1928년 부산제2상업학교에서 민족 차별 교육을 하는 일본인 교사를 배척하는 동맹휴학을 주도했다가 치안유지법 위반 혐의로 일제 경찰에 체포돼 노덕술에게 가혹한 고문을 당했다. 1995년 건국훈장 애족장 수훈.

유각경
1891~1966
親日

친일 반민족 행위자. 서울 출신으로 유길준의 조카이며, 아버지 유성준은 일제강점기 중추원 참의와 도지사를 지낸 바 있다. 1910년 정신여학교를 졸업하고, 1914년 베이징 협화여자전문학교 보육과를 나와 정신여학교 교사로서 6년간 교편을 잡았다. 1922년부터 김필례, 김활란 등과 YWCA를 창립하는 데 주도적인 역할을 하고, 1927년 신간회가 창립된 직후 간사로 활동했으며 근우회 발기인 총회에도 창립준비위원으로서 참여했다. 1932년 이후부터는 조선YWCA의 회장 또는 총무로 재임하나 1938년 일본YWCA로 편입하는 데 앞장섰다. 애국금차회 발기인 겸 간사, 조선임전보국단 부인대 지도위원 등으로 활동하며 각종 강연회와 좌담회, 신문 지면에 일제의 전시체제와 황민화정책을 옹호하는 발언과 글을 남겼다. 해방 후에는 한인애국부인회를 창설하고 위원장을 맡았으며, 대한부인회에서는 부회장으로 활동했다. 3·15부정선거 전에는 선거대책위원회 제4부장(부녀부장)을 맡아 선거를 기획하고 집행했다. 4·19혁명 때 재판을 받고 징역 3년을 선고받지만 5·16군사정변 이후 석방됐다.

유남수
1905~?

독립운동가. 서울 출신으로, 항일 무장투쟁을 하다 순국한 유택수의 친동생이다. 이수흥과 유택수의 주재소, 면사무소 타격 등의 임무를 적극 지원했으며, 이수흥과 유택수가 경성과 안성 등지에서 군자금 모집 임무를 수행할 때도 물심양면으로 도왔다. 1926년 11월 초 육촌형 이준성이 일제 경찰에 밀고함으로써 체포돼 징역 2년 형을 선고받고 옥고를 치렀다. 1990년 독립훈장 애족장 수훈.

유자명
1894~1985

아나키스트 독립운동가, 원예학자. 충청북도 충주 출신으로, 본명은 유흥식이다. 의열단 참모 유자명이라는 별명으로 더 잘 알려져 있다. 1919년 3·1혁명 후 충주간이농업학교 교사로 재직하면서 항일단체인 대한민국청년외교단을 조직해 학생시위를 계획하던 중 일제 경찰에게 발각돼 상하이로 망명했다. 여기서 의열단에 가입해 격렬한 항일투쟁을 전개하고, 의열단장 김원봉의 비밀참모로 국내외 일본인과 친일파 처단 활동에 괄목할 만한 성과를 올렸다. 1920년대 베이징을 중심으로 이회영, 김창숙, 신채호 등과 활약했는데, 이때부터 아나키즘 노선을 견지했다. 한때 입원학교 교장을 지냈고, 중국국민당의 거물급 인사들과 교유하며 항일 독립투쟁을 위한 연합 전선을 펴나갔다. 1927년 김규식, 이광제 및 중국인 무광루 등과 함께 동방피압박민족연합회를 조직하고, 협회의 한국 책임자가 되어 기관지 〈동방민족〉 발송, 비밀지부 설치 등 제반 공작을 추진했다. 1931년에는 중국인 이석증, 노신 등과 협력해 재중국 조선무정부주의자연맹 상하이지부를 조직하고 부위원으로 활동했다. 1942년 대한민국임시정부 약헌 개정 기초위원, 1943년 3월 대한민국임시정부 학무부 차장을 지냈으며, 해방 이전까지 대한민국 임시의정원 의원으로 활동했다. 1945년 해방 이후에는 중국 후난성 창사에서 대학교수 생활을 했다. 윈난 고원지대에서 최초로 특수벼 재배에 성공해 농학박사가 됐는데, 특히 독립운동가 출신 원예학자로 중국인들에게 신망이 두터웠다. 만년에는 후난농업대학 원예학과 명예주임으로, 중국 원예학회 명예 이사장에 추대됐다. 1968년 대통령 표창, 1991년 건국훈장 애국장 수훈.

유진흥
?~1929

독립운동가. 1927년 가을에 결성된 부산 지역 학생들의 항일 비밀결사 조직인 흑조회에 가담해 활동했다. 이듬해 6월 동래고등보통학교와 부산제2상업학교의 동맹휴학을 흑조회에서 적극적으로 주도했다가 일본 경찰에게 체포됐다. 구금 중 혹독한 고문을 받다가 병보석으로 가석방되나 얼마 지나지 않아 순국했다. 2000년 건국훈장 애국장 수훈.

유택수
1900~1929

독립운동가. 1920년 아버지를 따라 경기도 이천군으로 이주해 자동차 조수로 일했다. 1926년 7월 만주 참의부에 소속되어 항일 무장투쟁을 하던 이수흥이 특파공작원으로 국내에 잠입해 비밀임무를 수행할 때 그를 도와 독립운동에 투신하기로 결심했다. 7월에 이수흥과 서울 동소문파출소를 습격해 일제 경찰 1명에게 중상을 입히고, 9월에는 안성 부호 박승륙에게 군자금을 요구할 때 박승륙의 아들 박태병이 반항하자 사살했으며, 10월 25일 단신으로 수은동 대성호 전당포에 들어가 군자금을 요구할 때 주인의 형 전기영이 잡으려 하자 사살했다. 수개월간 항일투쟁을 계속하다가 육촌 이준성의 밀고로 1926년 11월 이수흥, 유남수와 함께 일제 경찰에 체포됐다. 1928년 12월 20일 경성복심법원에서 사형을 선고받고, 1929년 2월 27일 이수흥과 함께 순국했다. 1968년 건국훈장 국민장 수훈.

이갑성
1886~1981

독립운동가. 대구 출신으로, 1915년에 세브란스의학전문학교를 졸업하고 세브란스연합병원 제약담당 사무원으로 근무했다. 1919년 3·1혁명을 준비하는 과정에서 학생들과 민족대표를 연결하고, 민족대표 33인으로서 서명을 했다. 독립선언서를 서울 시내 및 지방에 배포하는 역할을 하다 체포돼 2년 6개월 징역형을 선고받았다. 출옥 후에는 신간회에 참여했다가 상하이로 망명했다. 민족대표 33인 중 최린, 정춘수와 함께 일본식으로 성명을 바꾼 사람 중 1명이다. 해방 이후에는 과도입법의원, 자유당 최고의원, 민주공화당 창당 발기위원 등으로 활동하고 광복회장, 3·1동지회 고문 등을 역임했다. 1962년 건국훈장 대통령장 수훈.

이경채
1910~1978

독립운동가. 전라남도 광산(현 광주광역시) 출신으로, 1927년 광주고등보통학교 재학 중에 항일 학생비밀결사단체인 독서회를 조직했다. 1928년 4월 조선독립선언문을 광주 시내에 배포하다 체포됐는데, 학교 측이 조사가 끝나기도 전에 그를 퇴학시키자 학생들이 퇴학 철회 및 자치활동 보장, 일본인 무자격 선생 사직 등을 요구하며 동맹휴학에 들어갔다. 1928년 7월 광주지방법원에서 열린 재판에서 치안유지법 및 출판법 위반으로 징역 1년 6개월을 선고받고, 출옥 후 1931년 일본 와세다대학 전문부 법률과에 입학했다. 일제 경찰은 대한민국임시정부와 내통하고 있다는 혐의로 이경채를 검거해 고문 수사했다. 1933년 일제 경찰의 감시를 피해 상하이로 망명, 김관수로 개명하고 상하이 지역 한인 자제들을 교육하기 위해 설립된 인성학교의 교사로 근무했다. 1936년 9월 중국 육군군관학교에 입교해 군사훈련을 받고, 1937년 10월 중국 육군 제11사에 배속돼 항일전에 참전했다. 이후 중국군 중령으로 근무하다 대한민국 정부가 수립되자 1948년 11월 귀국했다. 1980년 대통령 표창, 1991년 건국훈장 애국장 수훈.

이관용
1891~1933

독립운동가, 교육자, 언론인. 친일파 이재곤의 아들로 독립운동을 했다. 1910년대 중반 이후 영국과 스위스에서 유학 생활을 하다 1919년 프랑스 파리에서 김규식 등과 임시정부 파리위원부를 조직하고 파리강화회의에 참석했다. 1923년 귀국해 동아일보사 기자, 연희전문학교 교사, 〈시대일보〉 부사장 등으로 활동했고, 1927년 신간회 설립에 참여해 간사가 됐다. 1929년 광주학생항일운동 때 민중대회를 개최하기 위해 활동하다 일제에 체포돼 징역 1년 6개월 형을 선고받았다. 2008년 건국훈장 애국장 수훈.

이광춘
1914~2010

독립운동가. 전라남도 나주 출신으로, 1929년 10월 30일 나주역에서 일본인 중학생이 당시 광주여자고등보통학교에 재학 중이던 박기옥, 이금자 등을 희롱하면서 충돌이 발생하고, 이후 이 사건이 광주학생항일운동으로 발전해 11월 3일 광주 학생들을 중심으로 시위운동이 전개되자 광주여자고등보통학교 학생들을 주도해 운동에 참여했다. 1930년 1월에는 광주학생항일운동으로 체포된 학생들의 석방을 요구하며 백지동맹을 주도했다. 1996년 건국포장 수훈.

이규홍
1881~1928

독립운동가. 전라북도 익산 출신으로, 1906년 최익현, 임병찬과 의병운동을 모색하고, 1907년 진안 등지에서 의병을 지휘해 다수 일본군을 사살했다. 1918년 상하이로 건너가 대한민국임시정부가 독립청원서를 제출하기 위해 파리강화회의에 김규식을 보내자 여비 1,300원을 제공하고, 1920년에는 만주로 건너가 김좌진에게 군관학교 운영자금으로 3,000원을 헌납했다. 1924년 체포돼 심한 고문을 받고 그 후유증으로 순국했다. 1968년 대통령 표창, 1977년 건국포장, 1990년 건국훈장 애국장 수훈.

이성태
1901~1937

사회주의 독립운동가, 언론인. 제주 출신으로, 1920년부터 중국에서 한동안 이광수와 활동했다. 귀국 이후 1922년 〈신생활〉의 기자가 되어 '크로포트킨 학설 연구' 등의 글을 실었고, 1923년 〈동아일보〉에 물산장려운동을 반대하는 글인 '중산계급의 이기적 운동'을 발표했다. 이후 주로 잡지 〈조선지광〉에 글을 발표하고 조선공산당 간부를 역임하는 등 활발한 활동을 펼쳤다. 동아일보사 등을 통해 각종 경찰 관련 기밀문서를 입수, 보고하는 등의 활약을 하다 1928년 검거돼 징역 6년 형을 선고받았다. 2007년 건국훈장 애족장 수훈.

이수흥
1905~1929

독립운동가. 경기도 이천 출신으로, 일명 이성좌라고도 했다. 1923년 상하이로 건너가 사관학교를 마치고 만주로 가서 대한통의부에 가담했다. 다시 육군주만참의부를 조직해 독립운동에 투신했다. 1926년 독립운동자금을 조달하기 위해 국내에 잠입하나 성과를 거두지 못하고 상경했다. 그해 6·10만세운동이 일어나자 서울 동소문파출소를 습격하고 수원으로 피신했으며, 9월 7일에는 유택수와 은행 습격을 모의하고 안성에 도착하나 마침 일요일이라 거사를 감행하지 못하고 부호 박승륙의 집에 가서 600원을 강탈해 이천으로 피신했다. 10월 21일에는 단독으로 이천군 식산회사를 습격하려다 옆에 있는 주재소를 먼저 습격하고, 수원에 은신하다가 유택수와 상경해 전당포를 습격했다. 수원에 내려가 아버지 장례를 치르고 이천으로 갔다가 일본 경찰에 잡혀 3년의 예심 끝에 1928년 5월 사형을 언도받았다. 1962년 건국훈장 독립장 수훈.

이순탁
1897~?

독립운동가, 교육자, 경제학자. 황해도 연백 출신으로, 1922년 도쿄 제국대학 경제학부를 졸업하고 1923년 연희전문학교 상학과장을 역임했으며 1925년 비타협적 민족주의자들이 조직한 조선사정연구회에 참여하고 이를 계기로 신간회에도 발기인으로 참여했다. 1933년에 이른바 연전 상과 사건으로 3년의 옥중 생활을 했다. 해방 이후에는 미 군정 입법회의 위원, 대한민국 기획처 초대 처장 등을 역임했다. 한국전쟁 때 납북됐다. 1990년 건국훈장 애족장 수훈.

이승복
1895~1978

독립운동가. 충청남도 예산 출신으로, 조부와 아버지가 의병운동과 관련해 일본군에게 살해당한 이남규와 이충구다. 1919년에 연해주와 북만주에서 독립운동을 하고 국내에서 독립군 군자금 모집 등의 활동을 했다. 이후 사회주의 계열의 활동을 했으며, 1926년에는 정우회 집행위원으로 활동했다. 1927년 신간회 결성 발기인으로 참여하고 신간회 예산지회를 조직하기도 했다. 이후 여러 방면에서 적극적인 독립운동을 벌이다 수차례 투옥됐다. 1980년 건국포장, 1990년 건국훈장 애국장 수훈.

이웅
1900~1960

독립운동가. 평안남도 순천 출신, 본명은 이준식이다. 1919년 3·1혁명 이후 상하이로 건너가 임시정부에 가담했다. 1921년 윈난성의 강무당군관학교를 졸업, 정의부 군사위원장 겸 총사령관을 맡았으며, 1930년에는 중국군에 들어갔다가 1939년 예편하고, 대한민국임시정부 의정원 의원에 선출됐다. 1940년 광복군이 창설되자 제1지대장이 됐고, 1941년에는 제1지대 간부와 더불어 옌시산군과 연합해 일본군에 항전했다. 해방 후에는 국군 창설에 기여했으며 육군 중장으로 예편했다. 1962년 건국훈장 독립장 수훈.

이인
1896~1979

변호사, 정치인. 대구 출신으로 1919년 3·1혁명 이후 일본으로 가 일본 변호사 시험에 합격했다. 서울에서 변호사가 된 뒤 의열단 사건을 시작으로 허헌, 김병로 등과 항일 독립운동 관련 큰 사건들에 빠짐없이 관여했다. 수원고등농림학교 사건, 언론 탄압 반대 연설회 등으로 수차례 유치장 신세를 지다가 조선어학회 사건 때 잡혀서 4년 가까이 수감됐다. 광복 이후 한민당 창당에 깊숙이 관여했으며, 미 군정하에서 검찰총장직을 맡고 정부 수립과 함께 초대 법무장관이 되나, 이승만 대통령과 뜻이 맞지 않아 물러났다. 유언을 통해 살던 집을 포함한 전 재산을 한글학회에 기증했다. 1963년 건국훈장 독립장 수훈.

이정윤
1897~?

사회주의 독립운동가. 전라북도 순창 출신으로, 일본 유학 중 조선독립선언문을 배포하다 1921년 검거됐다. 1923년 고려공산동맹 결성에 참여하고, 서울파와 함께했다. 1924년 고려공산청년동맹 책임비서, 1925년 전진회 집행위원 등을 역임하고, 1926년 ML파에 가담했으며, 이후 모스크바로 파견되어 모스크바 공산대학을 졸업하고, 1928년 코민테른의 조선 문제 결정서를 가지고 귀국했다. 1930년 검거돼 징역 2년을 선고받고, 출옥 후에는 전남 곡성에서 적색농민조합 활동을 벌이다 일제 경찰에 검거돼 다시 징역 2년을 선고받았다. 1941년에는 조선공산당 재건을 위해 활동했으며, 해방 직전 사회주의자 조직인 적기파를 결성해 영등포, 전라도 등지에서 상당한 영향력을 발휘하다 1945년 경찰에 검거돼 해방과 함께 석방됐다. 해방 이후 사회주의자로 활발한 활동을 펼치다 서대문 형무소에 수감되었고, 한국전쟁 중 월북했다.

이종린
1883~1950

친일 반민족 행위자. 충남 서산 출신으로 대한제국에서 관직 생활을 하다 사퇴한 후 〈제국신문〉 기자로 활동하며 서우학회와 대한협회 등에도 관여했다. 1910년 천도교에 입교해 3·1혁명 때 지하신문인 〈독립신문〉 주필로 활동하다 체포되고, 출소 이후에는 조선물산장려회 등에서 활동했다. 1927년 신간회 창립에 참여했다가 1929년 광주학생항일운동 민중 궐기대회를 준비하던 중 체포됐다. 이후 천도교 구파 지도자로 활동하다 1937년 무렵부터 일제에 협력해 국민정신총동원 조선연맹 평의원, 조선임전보국단 상무 등을 역임하며 일제의 수탈정책과 학병 독려 및 침략전쟁 찬양글을 여러 편 쓰고 관련 내용으로 다수의 강연을 했다. 해방 이후 반민특위 소환장이 발부되자 자진해서 조사를 받았다.

이탁
1889~1930

독립운동가. 평안남도 평원 출신으로 1908년 대성학교 재학 중 신민회에 가입해 활동했다. 1910년 만주로 건너가 류허현 삼원보에서 이시영 등을 도와 신흥강습소 설립에 참여하고 일신학교 교장으로서 후진을 양성했다. 1919년 이완용을 포함한 매국칠적을 주살하기 위해 27명으로 구성된 27결사대를 조직하고 서울에 오나 성공하지는 못했다. 이후 한족회 간부로 활동하며 독립운동단체의 통합을 추진하고, 1920년 임시정부가 인준한 광복군사령부의 참모장에 임명돼 국내 진공을 계획했다. 1921년 1월 경성지방법원에서 궐석재판으로 징역 12년을 선고받았다. 1922년에는 독립운동단체를 통합하기 위한 국민대표대회주비회의 서기로서 대회를 준비하나, 의견 대립이 심화되자 대표자들을 중심으로 시사책진회를 조직해 해결을 꾀했다. 1926년에는 만주로 건너가 삼부통합운동을 벌였고, 1929년 다시 상하이에서 대한민국임시정부 임시의정원의 만주, 간도 지방 대표로 선임됐다. 1963년 건국훈장 독립장 수훈.

이해명
1896~1950

독립운동가. 강원도 통천 출신으로, 본명은 이구연이다. 신흥무관학교 출신으로 김원봉이 이끈 의열단에 가입했으며 1927년에 황푸군관학교를 제6기로 졸업했다고 알려져 있다. 1928년 10월 대한민국임시정부 외무총장 등을 지냈던 박용만을 베이징에서 살해해 5년 1개월의 징역형을 선고받고 복역했다. 당시 박용만에 대해서는 조선 총독과 면담했던 사실이 알려지면서 일제에게 거금을 받고 변절했다는 소문이 돈 것으로 전해지지만, 구체적으로 친일 행위를 했다는 사실은 확인되지 않는다. 이구연의 박용만 살해 사건에 대해서는 그 배경이나 배후 세력, 원인, 동기 등이 충분히 밝혀지지 않고 있다. 중국 법정에서 정치범으로 인정돼 만기를 채우지 않고 출옥한 이후 1929년 난징에서 결성된 한국혁명당에 참여하고, 1938년 10월 후베이성에서 조선의용대를 창설했다. 1942년에는 대한민국임시정부 임시의정원 의원으로 선임됐다. 이후 광복군 총사령부 군법관 등을 역임하다가 1945년 광복 후 귀국했다. 한국전쟁 때 대전지구 전투에서 전사했다. 1980년 건국훈장 독립장 수훈.

이현상
1906~1953

공산주의자. 서울 중앙고등보통학교 재학 시절인 1925년, 조선공산당 창설에 가담했다. 1926년 6·10만세운동에 참가해 일제 경찰에 체포됐다가 기소유예로 석방되고, 1927년 보성전문학교 법과에 입학한 뒤 조선공산당과 고려공산청년회 산하 학생부원회, 조선학생과학연구회 등에서 활동했다. 반일 동맹휴학을 주도하다 1928년 9월 제4차 조선공산당 검거 때 체포돼 징역 4년을 선고받고 복역했다. 출소 후 1933년, 이재유, 김삼룡 등과 서울 지역에서 적색노동조합을 조직하기 위한 활동을 전개하던 중 다시 체포돼 7년을 복역하고, 1940년 박헌영, 이관술 등과 경성콤그룹을 결성했다.

10월에 또다시 검거돼 2년을 복역하던 중 병보석으로 석방되고, 해방 때까지 지하활동에 돌입했다. 1945년 광복 이후 조선공산당 재건에 참여했으며, 공산당이 남조선노동당으로 개편된 후 중앙상무위원 및 노동부장 등의 요직을 맡아 활동했다. 1948년 월북해 강동정치학원에서 수개월간 교육을 받았으며, 그해 북조선노동당의 결정에 따라 다시 남한으로 내려와서는 지리산으로 들어가 빨치산투쟁을 전개했다. 1951년 5월, 남한 빨치산 조직인 남부군 총사령관으로 임명됐다. 휴전 이후 1953년 9월 지리산 빗점골에서 군경 합동으로 실시된 토벌 작전 때 사살됐다.

장석천
1903~1935

독립운동가. 전라남도 완도 출신으로 1926년 일본 유학 중 귀국해 광주 지역 학생비밀단체인 성진회를 지원했다. 1927년부터 전라청년연맹 상임위원을 지냈고, 그해 10월 신간회 광주지회에 가입, 항일 학생운동을 이끌었다. 1929년 11월 광주학생항일운동이 일어나자 학생투쟁 지도본부를 결성해 학생투쟁을 지원했다. 11월 12일, 서울로 잠입해 광주학생항일시위의 내용과 항일 궐기를 촉진하는 격문을 작성하고 전국에 발송하던 중 일제 경찰에 체포됐다. 출소 후에는 경성방직공장 직공들에게 항일 의식을 불어넣는 등 항일투쟁을 전개하다 다시 체포돼 거듭 옥고를 치렀다. 1990년 건국훈장 애국장 수훈.

장재성
1908~1950

사회주의 독립운동가. 1926년 11월 광주고등보통학교 재학 중 광주농업학교 학생들과 비밀결사인 성진회를 조직해 항일운동을 전개했다. 1927년에는 도쿄의 주오대학에 입학했다. 1928년 4월 광주고등보통학교 및 광주농업학교 학생들이 식민지 교육제도 철폐를 요구하며 동맹휴학을 벌이자 이를 지도하기 위해 귀국하고, 1929년 6월 주오대학에서 퇴학당한 후 귀국해서는 학교별로 분산돼 있던 광주의 학생 조직을 독서회로 개편하고 독서회 중앙부를 결성, 책임비서로서 광주 지역 학생운동을 지도했다. 1929년 11월 광주학생항일운동이 일어나자 독서회를 중심으로 시 위를 주도하고 격문을 배포하는 활동을 벌이다 검거돼 징역 4년을 선고받고, 해방 후에는 조선건국준비위원회 전남지부 조직부장을 역임했으며, 1946년 2월에는 민주주의민족전선 결성대회에 전남대표로 참석했다. 이후 세 차례에 걸쳐 38선 이북을 왕래하다가 1948년 국가보안법 위반으로 검거돼 징역 7년을 선고받고 광주 형무소에서 복역하던 중 한국전쟁이 일어나자 1950년 7월 총살됐다.

장지락
1905~1938

사회주의 독립운동가. 평안북도 용천 출신으로, 활동명은 김산이다. 3·1혁명에 참여했으며, 일본으로 건너가 도쿄 제국대학 입학을 준비하던 무렵 일본 노동자와 재일 조선인의 열악한 처지를 목격하고 마르크스주의에 다가가기 시작했다. 1920년경 만주 신흥무관학교에서 군사학을 배우고 상하이로 간 뒤, 대한민국임시정부 기관지 《독립신문》의 교정원으로 일했다. 이후 황푸군관학교 교사로도 재직하다 1925년 광저우로 가서는 중국공산당에 가입했다. 1926년부터 조선혁명청년연맹 간부 및 기관지 《혁명행동》의 부주필로 활동했고, 하이루펑당학교에서 국제 공산주의 운동사와 노동운동을 가르쳤으며, 1929년 중국공산당 북경시위원회 조직부장으로 있으면서 적극적으로 만주와 화북 지방 한인들을 중국공산당으로 조직했다. 1935년 스자좡에서 철도노동자 중심으로 대중 사업을 벌이다, 베이징에서 1·29학생운동이 일어나자 학생 4,000여 명의 대규모 시위를 지도했다. 1936년 중국공산당이 내전 정지, 일치 항일을 주장하자 이에 호응해 상하이에서 '조선 민족 혁명가의 임무'를 집필하고, 조선민족해방동맹을 결성했다. 1938년 산간닝(陝甘寧) 소비에트지구에서 조선 혁명가 대표로 활동하다 옌안 항일군정대학에서 강의를 시작했는데, 이때 미국 언론가 웨일즈를 만나 자신의 생애를 구술했고, 이 인터뷰가 《아리랑의 노래》라는 책으로 나오게 됐다. 1938년 중국공산당에 의해 반역자, 일본 스파이, 트로츠키주의자로 낙인찍

허 억울하게 처형당하나 덩샤오핑 등장 이후인 1983년 중국공산당 중앙조직부에 의해 복권됐다. 2005년 건국훈장 애국장 수훈.

장지영
1887~1976

독립운동가, 국어학자, 교육자. 1908년부터 주시경의 문하에서 국어학을 연구했다. 이후 오산학교와 경신중학교 교사 등을 역임하고, 1921년 조선어연구회를 조직했으며 1926년 〈조선일보〉 기자 겸 편집인으로 근무하면서 문맹 퇴치와 한글 보급 운동을 전개했다. 1927년에는 신간회에 참여했는데, 〈조선일보〉에 신간회란을 만들어 지방 신간회 활동을 적극 홍보했다. 이후 교사와 조선어학회 활동을 전개하다 1942년 조선어학회 사건으로 체포돼 홍원과 함흥에서 모진 고문과 조사를 받았다. 해방 이후에는 조선어학회 이사장, 연희대학교와 이화여자대학교 등에서 교수를 지냈다. 1977년 건국포장, 1990년 건국훈장 애국장 수훈.

장진홍
1895~1930

독립운동가. 경상북도 칠곡 출신으로 일명 장성욱이라고도 했다. 1912년 조선보병대에 입대, 상등병으로 근무하다 1914년 제대 후 비밀항일결사인 광복단에 입단했다. 1918년 이국필과 하바롭스크로 가서 그곳 교포 청년들을 규합, 군사훈련을 실시했고, 1919년 귀국해서는 3·1혁명 당시 각지로 순회하며 일제가 우리 민족에게 행한 학살, 고문, 만행의 자료를 수집, 정리한 후 그 진상을 세계에 알리기 위해 인천에 입항한 미군 하사 김상철에게 이를 번역해 각국에 배포할 것을 부탁했다. 그 뒤 부산에서 〈조선일보〉 지국을 경영하며 정세를 관망하다 1925년 중국 베이징에서 국내 활동을 목적으로 많은 무기를 휴대하고 잠입한 이정기와 접촉하고 비밀결사를 조직했다. 1927년 일제의 고관 암살과 중요 시설 파괴를 목적으로 폭탄을 제조하고, 거사 목표를 경상북도지사, 경상북도 경찰부, 조선은행 대구지점, 식산은행 대구지점의 네 곳으로 정했다. 그리고 10월 18일, 대구 덕흥여관에 투숙해 4개의 폭탄을 각각 나무 상자에 담아 포장한 뒤 여관 종업원 박노선에게 배달하도록 했다. 박노선은 제일 먼저 조선은행 대구지점에 상자를 전달했는데, 상자에서 화약 냄새가 나는 것을 의심한 은행원이 도화선을 차단함으로써 거사는 실패로 돌아갔다. 또 길옆에 두었던 상자 3개가 차례로 폭발해 일제 경찰 여러 명이 중상을 입고 은행 건물 유리창이 파괴됐다. 대구에서 소기의 성과를 거두지 못하자 1928년 안동과 영천에서 다시 거사를 도모했지만 뜻을 이루지 못했다. 일본 경찰의 경계망을 피해 오사카에 사는 동생 장의환 집에 은신하고 있었는데 1929년에 함께 활동하던 이정기가 베이징에서 잡힘으로써 장진홍의 은신처도 드러났다. 1930년 사형이 확정돼 서대문 형무소에 수감돼 있던 중 자결했다. 1962년 건국훈장 독립장 수훈.

장태성
1909~1987

독립운동가, 농민운동가. 전라북도 옥구 출신으로 1926년 전주고등보통학교 3학년 재학 중 동맹휴학을 주도하고 일본인 교장을 배척한 혐의로 전주지방법원에서 집행유예 판결을 받고 학교에서 퇴학당했다. 퇴학 후에는 농민운동에 대한 관심으로 서수면의 이형노 씨 집에 야학을 차리고 문맹 퇴치와 민족의식 고양 활동을 전개해나갔다. 당시 서수면에는 대형 농장경영을 위해 일본인 지주들이 차린 주식회사 형태의 이엽사 농장이 있었다. 1927년 11월 일본인 농장주들이 전국 평균보다 훨씬 높은 75퍼센트의 소작료를 요구하자 서수농민조합 교섭위원으로 나섰던 장태성이 소작료 인하(45%)를 요구하지만 거부당하고, 이에 임시총회가 열려 소작료 불납이 결의됐다. 농장의 신고를 받은 일제 경찰이 장태성을 포박해 군산경찰서로 압송하려 하자 격분한 농민들은 임피역 주재소를 습격하고 장태성을 구출했다. 일제 경찰은 시위대 중 80명을 연행했고, 이 중 34명이 유죄판결을 받았다. 장태성은 1928년 대구복심법원에서 징역 6개월을 선고받아 옥고를 치렀으며 출옥 후 노동회 간부, 신간회 군산지부 대표회원 등의 자리에서 활동하다 여러 번 체포됐다. 해방 이후에는 장수봉이란 이름으로 언론계, 정치계에서 활동하다 1987년 사망했다. 2008년 건국포장 수훈.

정운해
1893~1945

사회주의 독립운동가. 대구 출신으로 국권피탈 이후 연해주, 만주에서 독립운동에 관여했다. 조선노동공제회 대구지회 창설을 주도하고, 1923년 이 단체의 집행위원으로 선출됐다. 1924년 남선노농동맹 창설을 주도하고 중앙집행위원이 됐으며, 그해 북풍회 결성을 주도해 집행위원이 됐다. 1925년에는 조선공산당 중앙집행위원 및 노농부 담당을 맡았다. 제1차 조선공산당 사건 당시 검거 열풍을 피해 일본으로 간 뒤 조선공산당 일본 연락부원으로 활동했으나 1926년 경찰에 검거돼 징역 3년을 선고받았다. 출옥 이후 대구에서 신탄 사업을 하며 1944년 건국동맹 경북지부 책임자로 활동했다. 2005년 건국훈장 애국장 수훈.

정칠성
1897~1958

사회주의 독립운동가, 여성운동가. 대구 출신으로, 일곱 살에 기녀가 됐다. 3·1혁명을 겪으며 인생의 전환점을 맞이하고, 이후 일본에 유학하며 사회주의 사상을 받아들였다. 귀국 후 대구여자청년회를 창립하는 데 일조하고, 1924년 한국 최초의 여성 사회운동단체인 조선여성동우회를 허정숙, 주세죽, 김조이 등과 설립해 여성계몽운동에 앞장섰다. 1927년에는 근우회 설립에 큰 역할을 했고, 1929년에는 중앙집행위원장으로서 강연 활동과 조직 강화에 힘썼다. 광주학생항일운동, 제3차 조선공산당 사건, 근우회 사건 등의 이유로 수차례 투옥과 출소를 반복했다. 여성들의 생업에도 큰 관심을 두어 1927년 편물강습회를 시작으로 조선여성직업사, 편물학당 등을 운영했다. 해방 후 조선부녀총동맹, 민주주의민족전선 등에서 활동하다 월북해 최고인민회의 제1기 및 제2기 대의원, 민주여성동맹 부위원장 등을 지냈다.

조만식
1883~1950

독립운동가. 평안남도 강서 출신으로 어릴 때 부친에게 한학을 배우고 평양에서 점원으로 일하다 23세에 기독교에 입교하고 평양 숭실학교에 입학했다. 이후 일본에 유학하여 1913년 메이지대학 법학부를 졸업하고 정주의 오산학교 교사를 거쳐 교장으로 취임했다. 3·1혁명에 참여했다가 1년간 옥고를 겪었으며, 출옥 후 평양기독교청년회 총무에 취임하는 한편, 1922년 물산장려회를 조직해 회장으로서 물산장려운동을 활발하게 전개했다. 1923년에는 조선민립대학 기성회를 설립해 조선인의 고등교육을 위해 노력하나 일제의 탄압에 이는 실패로 돌아갔다. 1927년 신간회 발기인으로 참여해 신간회 중앙위원 및 평양지회장으로 활동했고, 신간회 해소 후에는 관서체육회 회장, 조선일보사 사장 등을 지내며 사회운동에 매진하다 1937년 수양동우회 사건에 연루돼 옥고를 치렀다. 1943년 지원병 제도가 시행됐을 때는 일본군 사령관 이타가키 세이시로의 협력 요청을 거절해 구금되기도 했다. 해방이 되자 1945년 8월 17일 평양에서 조선건국준비 평남위원회를 조직하고 위원장이 됐으며 소련군이 북한으로 들어오자 김일성 등 공산주의자들과 연립 정권 형태인 인민위원회를 수립하고 위원장으로 추대됐다. 이후 공산당 세력이 점점 확대되자 1945년 11월 조선민주당을 창당해 반공 노선을 세우는 한편, 반탁운동을 전개하고 인민위원회 위원장직도 사임했다. 이에 소련군에 의해 고려호텔에 구금되고, 주위의 월남 요청도 거부하던 중 1950년 10월경 평양에서 후퇴하는 북한군에게 살해됐다. 그의 생애는 일본 유학 시절 접한 간디의 비폭력·무저항주의의 영향을 받은 민족주의 운동으로 점철됐다. 1970년 건국훈장 대한민국장 수훈.

조명하
1905~1928

독립운동가. 1918년 황해도 풍천에서 보통학교를 졸업하고 1926년 9월 일본으로 건너갔다. 그곳에서 건전지 제작소, 메리야스공장, 상점 등의 고용원으로 일하며 오사카에 있는 상공학교를 마쳤다. 이후 큰일을 계획하고 대만 타이중에 있는 부귀원에 들어가 점원으로 생계를 유지하며 중국인에게서 칼 쓰는 법을 익혔다. 1928년 5월 일제가 대중국 침략전쟁을 계획하면서 히로히토 천황의 장인인 구니노미야 육군대장을 육군 특별검열사로 대만에 파견한다는 소식을 들었다. 이에 5월 14일 타이중에서 환영 인파에 숨어 있다가 구니노미야를 찔렀다. 이때의 부상으로 구니노미야는 이듬해 1월 사망했다. 거사 직후 현장에서 붙잡혀 10월 10일 타이베이 형무소에서 순국했다. 1963년 건국훈장 독립장 수훈.

조병옥
1894~1960

독립운동가, 정치가. 케블 목사의 추천으로 공주 영명학교와 평양 숭실학교, 연희전문학교를 거쳐 1925년 컬럼비아대학교에서 철학박사 학위를 취득했다. 미국 유학 중에는 안창호의 흥사단에 참여하고, 귀국 후에는 연희전문학교 교수로 있으면서 기독교여자청년회 이사로 활동했다. 1927년 신간회 창립에 참가해 재정부장, 총무부장 등을 지내며 1929년 광주학생운동 탄압을 규탄하는 민중대회를 준비하다 광주학생운동의 배후 조종자로 몰려 3년 형을 언도받았다. 1937년에는 수양동우회 사건에 연루돼 2년간 복역했고, 이후 일제에 전향서를 쓰고 광업회사를 운영했다. 해방 이후에는 송진우, 장덕수 등과 한국민주당을 창당했고 미 군정청 경무부장을 지내면서 친일 경찰을 비호했으며 제주 4·3사건 때 강경 진압을 지휘했다. 이후 이승만 정권에 참여해 1950년 한국전쟁 때 내무부 장관으로서 대구를 지켜내는 데 크게 기여하나 이승만의 독재에 반대해 야당 활동을 시작했다. 이후 민주당 최고위원과 대표최고위원을 거쳐 1960년 민주당 대통령 후보로 선출되지만 선거 1개월 전에 사망했다. 1962년 건국훈장 독립장 수훈.

조상섭
1885~1940

독립운동가. 평안북도 의주 출신으로 1916년 평양장로회신학교를 졸업하고 목사가 됐다. 3·1혁명 이후 상하이로 건너가 임시정부에 가담했고, 1919년 상하이 한인교회 목사로 부임했으며 대한민국임시정부에서 활동했다. 1924년 상하이 동포 자녀교육을 위해 인성학교 교장을 맡았다. 또 임시의정원 의장을 맡았으며 이승만 탄핵을 주도했던 세력의 중심인물이었다.

차금봉
1898~1929

사회주의 독립운동가. 서울 출신으로 3·1혁명 당시 서울에서 노동자시위를 주도했다. 1922년 조선노동공제회 중앙집행위원장으로 선임되고, 1923년에는 서울에서 유기직공 동맹파업을 지도했다. 1924년 조선노농총동맹 창립과 함께 중앙집행위원으로 선임되고, 1926년 조선공산당에 입당한 뒤 다음 해 1월에는 조선공산당 경기도책이 됐다. 이즈음 노동운동단체와 농민운동단체를 분리하는 조선공산당 신정책에 따라 조선노농총동맹을 조선노동총동맹과 조선농민총동맹으로 분리시키는 작업도 주도했다. 1927년 조선노동총동맹 중앙집행위원장이 되나 밀양 양화직공 동맹파업을 계기로 경찰에 검거됐다. 1928년에는 신간회 경서(京西)지회 설립을 주도하고 설립대회에서 간사가 됐으며 신간회 전국대회 출석 대표회원이 됐다. 같은 해 조선공산당 책임비서 겸 경기도책이 되는데, 제4차 조선공산당 검거 사건이 일어나 일본으로 피신했다가 경찰에 체포됐다. 서대문 형무소에 수감되어 있던 중 1929년 고문 후유증으로 사망했다. 2005년 건국훈장 애국장 수훈.

최동오
1892~1963

독립운동가. 평안북도 의주 출신으로 1903년 동학에 입도하고 천도교의 중견 인사로 활동했다. 1919년 3·1혁명 때 3월 2일의 의주 독립만세운동을 주도하고, 10월에는 천도교 대표 자격으로 상하이 임시정부로 건너가 내무부 지방국장을 맡는 등의 활약을 했다. 1923년 국민대표회의에서 대한민국임시정부를 해체하고 새로운 정부를 출범하자는 창조파에 가담하는데, 국민대표회의가 결렬되자 만주로 넘어가 정의부의 정치·군사학교인 화성의숙(華成義塾)을 설립하고 후진을 양성했다. 1928년 참의부, 정의부, 신민부 삼부의 통합운동을 펼쳤고, 1929년 삼부가 통합된 국민부의 외교위원장으로 선임되는 한편, 국민부의 유일당인 조선혁명당의 중앙위원 겸 국제부장이 됐다. 1931년 만주사변이 발발하자 1932년 중국 본토로 이동해 조선혁명당 대표로서 다른 독립운동단체들과 한국대일전선통일동맹을 조직하고, 1935년에는 김원봉, 김규식 등과 민족혁명당을 창당하나 1937년 4월 지청천 등과 민족혁명당을 탈당, 조선혁명당을 재건했다. 1939년 이후에는 대한민국임시정부에서 임시의정원 부의장 등 다양한 직책을 맡아 활동했다. 해방 후에는 1946년 남조선 과도입법의원 부의장을 역임하고, 1948년 4월 평양에서 열린 남북협상에 참가하는 등 좌우합작을 위해 노력했다. 1950년 한국전쟁 때 납북됐고, 1963년 심장마비로 사망했다. 1990년 건국훈장 독립장 수훈.

최석현

1893~1956

親日

친일 반민족 행위자. 경상북도 봉화 출신으로, 1915년 6월 영주헌병분대 헌병보조원으로 근무했으며 1919년 8월 조선총독부 순사로 임명됐다. 이후 고등계 형사로 오랫동안 근무하면서 독립운동가들을 체포, 고문해 탄압했다. 1927년 독립운동가 김창숙에게 고문을 가해 불구로 만들었으며, 조선은행 대구지점 폭파 사건의 범인을 잡는다며 영남 지역 독립운동가들을 대거 잡아들여 고문하고, 수년간의 수사와 추격 끝에 진범인 장진홍을 체포해 자결하게 만들었다. 1937년 경부가 되는 등 승진을 거듭해 1940년 경시 계급에 올랐고, 경북 경찰관교습소 소장과 경상북도 경찰부의 고등경찰과 과장을 지냈다. 광복 직전인 1945년 7월 강원도 영월군 군수에 임명됐다. 1949년 반민특위가 구성되고, 체포를 위해 최석현의 고향인 봉화에 출동하나 곧바로 도피해 행방이 묘연해졌다. 결국 체포되지 않았다.

최선익

1905~?

독립운동가, 언론인. 개성 출신 부호로 1932년 27세의 나이로 〈조선중앙일보〉를 인수하고 민족운동가인 여운형을 사장으로 추대해 민족 언론사에 중요한 자취를 남겼다.

최원택

1895~1973

사회주의 독립운동가, 북한 정치가. 대구 출신으로, 1923년 코르뷰로 국내부 대구 지역 야체이카 책임자로 활동했고, 1924년 신흥청년동맹 및 대구청년회 회장으로 조선청년총동맹 결성에 참가했다. 이후 조선노농총동맹이 결성될 때 중앙집행위원으로 선임되고, 1925년 조선공산당에 가입했다. 같은 해 적기시위 사건으로 일본으로 망명, 도쿄의 조선공산당 일본 연락부 책임자로 활동했다. 1926년 일제 경찰의 검거를 피해 다시 상하이로 망명했다가 조봉암, 김동명과 만주로 파견돼 조선공산당 만주총국 결성을 주도, 조직부장이 됐다. 1927년 제1차 간도공산당 검거 사건 때 체포돼 징역 6년을 선고받고 복역하다 1932년 대전 형무소로 이감되는 도중 대전역에서 만세시위를 주도한 죄목으로 추가 징역 1년을 선고받았다. 1934년 출옥 이후 요양하다가 1944년 공산주의자협의회에 가입했고, 1945년 건국동맹 군사위원으로 선출돼 노동자, 농민 군대 편성과 무장봉기를 계획했다. 해방 직후 조선인민공화국 서울시 인민위원회 위원장이 되나 미 군정이 임명한 서울시장을 비난해 미 군정에 체포되고 징역 11월을 선고받았다. 1946년 남조선노동당 결성 당시 중앙감찰위원장으로 선임됐다. 1948년 남북 연석회의를 기회로 월북하고, 8월 해주에서 열린 남조선 인민대표자대회에서 최고인민회의 대의원으로 선출됐으며, 이후 1953년 조선노동당 중앙위원회 상무위원, 1957년 최고인민회의 의장, 1961년 조국평화통일위원회 상무위원, 1970년 조선노동당 중앙위원을 지냈다.

최창식
1892~1957

독립운동가. 서울 출신으로 〈황성신문〉 기자로 활동했으며 비밀리에 독립운동을 하다 1916년 체포돼 8개월간 옥고를 치르고, 오성학교(五星學校)에서 교사로 재직 중이던 1918년에는 학생들에게 민족정신을 고취시켰다는 이유로 금고 1년 형을 선고받았다. 1919년 3·1혁명 당시 학생들과 만세운동에 적극 가담한 후 상하이로 망명, 대한민국임시정부 임시의정원의 초대 경기도 대의원에 선출됐다. 이어 조소앙의 후임으로 국무원 비서장에 올랐고, 시사책진회를 조직하여 임시정부의 통합을 위해 노력했다. 1924년 제10대 임시의정원 의장, 1926년에는 국무위원에 임명됐으며, 1927년 한국노병회(韓國勞兵會) 이사로 선출됐다. 1930년 치안유지법 위반으로 잡혀 3년의 징역형을 선고받고 옥살이를 했다. 1983년 건국훈장 독립장 수훈.

최창학
1891~1959
親日

친일 반민족 행위자. 일찍부터 전국을 돌아다니며 장사를 하다 1923년 구성군에 삼성광산을 창설하고 금광을 경영해 거부로 성장했다. 이후 오산학교 제4대 이사장을 역임하고 학교 조합비를 부담하는 등 지역에서 유지 대접을 받았다. 1938년, 삼성광산을 일본광업주식회사에 650만 원에 팔고 천만장자라 불리며 서울로 이사해 조선방공협회 경기도연합회지부, 서대문지부 평의원을 맡아 활동하면서 일제에 각종 기부금을 내는 등 친일 활동을 하고, 〈매일신보〉 주주 발기인과 상무 취체역, 국민정신총동원 조선연맹 발기인을 맡았으며 1939년에는 경성부 육군 지원자 후원회 이사를 맡았다. 이후에도 국민총력조선연맹 평의원과 태평양전쟁 지원을 위한 단체인 조선임전보국단 이사로 활동하며 일제의 침략전쟁을 찬양하는 강연을 하고 국방헌금, 전투기를 헌납하는 등 적극적인 친일 활동을 벌였다. 해방 이후 김구에게 자신의 사유지 내 별장인 서대문 옆 죽첨장을 사저로 제공했는데, 김구가 거처하면서 죽첨장은 경교장으로 이름이 바뀌었고, 대한민국임시정부의 정부 청사로도 활용됐다. 친일 행위에 대한 논란이 있었음에도 반민특위 해체로 처벌을 면했다.

하필원
1900~?

사회주의 독립운동가. 경상남도 하동 출신으로 일본 와세다대학 정치경제과를 졸업했다. 유학 생활 당시 사상단체 일월회에 가입하고, 1926년 귀국해서는 정우회에 가입했다. 같은 해 조선공산당 조직부장 및 중앙위원이 됐으며, 1927년 조선공산당 기관지 〈조선지광〉 기자가 됐다. 1928년 일제 경찰에 검거돼 6년을 복역하고, 해방 직후 조선인민공화국 중앙인민위원 겸 중앙인민위원회 경제부장 등으로 선출됐으며 1946년 민주주의민족전선 중앙위원으로 활동했다. 대구에서 10월항쟁이 벌어지자 조선공산당 대표로서 각 정당 연합 조사단의 일원이 됐고, 이후 조선공산당, 인민당, 신민당의

3당 합당을 반대하고 사회노동당 결성에 함께해 중앙위원이 됐다. 그러나 1947년 사회노동당을 탈당, 남조선노동당에 입당했으며, 1948년 해주에서 열린 남조선 인민대표자대회에서 최고인민회의 대의원으로 선출됐다.

한기악
1898~1941

독립운동가, 언론인. 강원도 원성 출신으로 1919년 상하이에서 대한민국임시정부를 수립하는 데 참여해 임시의정원 의원, 법무부 위원이 됐다. 귀국해서는 〈동아일보〉 창간에 간여해 〈동아일보〉 정치부장, 〈시대일보〉와 〈조선일보〉 편집국장 등으로 언론 활동을 하고 조선노동공제회를 조직했다. 1927년 신간회 발기인으로 참가해 중앙위원으로 선출됐다. 1983년 건국포장, 1990년 건국훈장 애국장 수훈.

한명찬
1903~?

사회주의 독립운동가. 강원도 고성 출신으로 1920년대 초반 서울파와 함께 활동했으며 1925년 강원도 고성에서 봉화회 창설에 관여해 집행위원이 됐다. 이후 서울파의 일원으로 활발한 활동을 벌였고 고려공산청년동맹의 강원도 책임자가 됐으며, 1926년 원산청년회 집행위원이 됐다. 3월에는 서울 신파의 멤버로서 ML파에 가담해 조선공산당에 입당, 왕성한 활동을 펼쳤다. 1928년 조선공산당 정치부 위원으로 조선공산당 당칙과 당 세칙 제정에 깊이 관여하는데, 이러한 사실이 경찰에 발각되면서 조선공산당 제4차 검거 사건이 일어났다. 1929년 징역 6년을 선고받아 복역했으며, 1945년 조선인민공화국 인민위원으로 선출됐다.

한위건
1896~1937

사회주의 독립운동가. 함경남도 홍원 출신으로 1919년 3·1혁명 당시 탑골공원에서 학생 대표로 독립선언서를 낭독했다. 같은 해 상하이의 대한민국임시정부에서 내무위원을 역임하고 이승만 탄핵에 참여했으며, 일본에 유학했다가 귀국한 이후 정우회에 가입해 안광천과 정우회선언을 발표했다. 동시에 제3차 조선공산당에서 선전부장을 맡았고 신간회에도 참여해 창립총회에서 간사로 활동했다. 1928년까지 동아일보사 기자로 근무하며 신간회 내 공산당 세력 확대를 위해 노력했다. 제3차 조선공산당이 무너지자 일제의 체포를 피해 중국으로 망명, 조선공산당 재건을 위해 노력했으며 1930년대에는 중국공산당에 가입해 이철부라는 가명으로 활동했다. 중국공산당 허베이성 선전부장, 서기 등으로 활동하다 옌안에서 폐병으로 사망했다. 2005년 건국훈장 독립장 수훈.

현익철
1890~1938

독립운동가. 평안북도 박천 출신으로 1919년 3·1혁명 이후 만주로 망명해 한족회에 가입하고 서로군정서에서 활동했으며 1920년 광한단을 조직해 일제 기관을 파괴하고 밀정을 숙청했다. 1921년 체포돼 대구에서 3년간 복역하고 다시 만주로 돌아와 1924년 통의부 위원장에 올랐고, 1927년 만주 지역 독립운동단체를 통합해 국민부를 조직, 중앙집행위원장에 추대됐다. 1929년 국민부 내에 조선혁명당을 조직하고, 1930년에는 일본군에 의해 간부들이 체포되는 등 당에 위기가 닥치자 조직을 개선하고 중앙책임비서가 되어 항일운동을 이어나갔다. 1931년 펑텐성에서 정치곤의 밀고로 붙잡혀 신의주 형무소에서 7년을 복역하고, 출감 후 다시 만주로 돌아왔다. 1937년 중일전쟁이 발발하자 한국독립당, 한국국민당, 조선혁명당 등의 3개 단체 등을 모아 한국광복진선(韓國光復陣線)을 결성하고, 1938년 대한민국임시정부가 충칭으로 이전하자 임시정부 군무부 산하 군사학편수위원회 위원으로 임명됐다. 5월에 창사에서 김구, 지청천, 유동열과 회동하던 중 밀정 이운환의 저격으로 급사했다. 대한민국임시정부는 국장으로 장례식을 거행했다. 1962년 건국훈장 독립장 수훈.

현정건
1893~1932

독립운동가. 대구 출신으로 대한민국임시정부 임시의정원 경상도의원으로 선출됐다. 1923년 국민대표회의가 개최되자 고려공산당 상하이파의 일원으로 창조파에 가담했다. 그러나 국민대표회의가 결렬되고 창조파가 조선공화국의 건국을 선언하자 '이는 전 민족의 의사에 위배되는 것이다'라고 성명을 발표하는 등 민족운동의 통합과 단결을 위해 노력했다. 1924년 상하이청년동맹회 집행위원이 됐으며, 1925년에는 상하이 교민단의 의사원으로 선출됐다. 1927년에는 한국유일독립당 상해촉성회 및 한국독립당 관내촉성회연합회의 집행위원으로서 통일전선을 위해 힘썼다. 1928년 일제 경찰에 체포돼 신의주지방법원에서 징역 3년 형을 선고받아 옥고를 치렀으며 출옥 후 후유증으로 병사했다. 1992년 건국훈장 독립장 수훈.

현정경
1886~1941

독립운동가. 평안북도 박천 출신으로 1919년 3·1혁명 후 만주로 건너가 한족회와 서로군정서에 참여했다. 1920년 광한단을 조직, 위원장에 취임했으며 1922년 8월에는 만주 지역 독립운동단체들의 통합단체인 대한통의부의 법무위원장이 됐고, 1924년에는 정의부의 중앙위원장을 역임했다. 1926년 고려혁명당 중앙위원에 선임되고, 삼부 통합의 결과 1929년 결성된 국민부의 법무위원장에 올랐다. 1930년 공산주의로 전향해 국민부 전복을 시도하나 실패하자 충칭으로 건너갔다. 1936년 조선민족해방운동자동맹을 조직하고, 1937년 조선민족전선연맹을 창립해 주석이 됐다. 1940년에는 치장에서 대한민국임시정부를 중심으로 독립운동단체들을 통합하는 일을 성공시켰다. 1992년 건국훈장 독립장 수훈.

홍남표
1888~1950

공산주의자. 빈농 출신으로 서울에서 중앙학교를 졸업했다. 1909년 청년동지회를 결성하고 국권피탈에 반대했으며, 1919년 자유단을 결성하고 〈자유보〉를 발행했다. 3·1혁명에 참여하고, 이후 만주로 건너가 재만 독립운동자 후원회를 조직해 위원장이 됐다. 간도 참변이 일어나자 이를 피해 다시 베이징으로 넘어갔다가 1920년 6월 국내로 들어오던 중 중국 단둥현에서 일제에 체포됐다. 출감 후 1923년 코르뷰로 국내부에 가입하고 화요회 중앙위원이 됐으며, 1925년에는 조선공산당 창건에 참가하고 중앙위원회 후보위원으로 선출됐다. 1926년 6·10만세운동에 참여한 이후 상하이로 망명해 중국공산당에 입당했다. 1930년 화요파 중심의 조선공산당 만주총국에서 활동했고, 1932년 조선공산당 재건을 위해 활동하다 체포돼 징역 6년을 선고받았다. 1943년 조선공산주의자회를 조직해 활동하던 중 1944년 다시 검거됐다. 해방 이후 조선인민공화국 교통부장에 임명됐고, 1946년에는 민주주의민족전선 부의장과 남조선노동당 중앙위원으로 선출됐다. 9월, 총파업을 주도한 혐의로 미 군정에 의해 투옥됐다. 1948년 8월에는 황해도 해주에서 열린 남조선 인민대표자대회에서 최고인민회의 대의원에 선출됐고, 이후 북한 최고인민회의 대의원, 상임위원회 부위원장, 조국통일민주주의전선 중앙위원을 지냈다.

홍성희
1894~?

독립운동가. 충청북도 괴산 출신이며 홍명희의 동생이다. 1919년 3·1혁명 때 충북 괴산에서 만세운동을 주도해 1년 징역형을 선고받았다. 이후 신간회 발기인으로 참여했으며 1930년대 초반 〈조선일보〉 판매부장을 역임했다. 1948년 남북 정치 협상 때 홍명희와 함께 방북해 귀환하지 않았다.

황에스더
1892~1971

독립운동가. 황애덕, 황애시덕 등의 이명이 있다. 평양 정진여학교, 이화학당에서 수학하고 평양 숭의여학교에서 교사로 근무하던 중 동료 교사 김경희, 교회 친구 안정석과 비밀결사단체 송죽회를 조직, 군자금을 모아 항일 독립단체에 송금했다. 1918년 도쿄로 유학해 김마리아와 현덕신, 송복신 등과 동경여자유학생회를 조직하고 1919년 2·8독립선언에 참여했다. 3·1혁명 때 국내에서 항일운동을 독려하던 중 3월 19일, 일제 경찰에 붙잡히나 증거 불충분으로 8월에 풀려났다. 이후 대한민국 애국부인회에 가입해 김마리아와 주도적으로 활동하다 상하이 임시정부에 군자금을 송금

하던 것이 발각돼 애국부인회 임원들과 함께 검거됐으며, 3년 형을 선
고받았다. 출소 후 이화학당 교사로 있던 중 1925년 미국 컬럼비아대
학교로 유학을 가는데, 미국에서 근화회를 조직해 재미 동포들의 조국
광복 운동을 후원했다. 귀국 후에는 1929년 경성여자소비조합을 결
성해 여성들의 경제적 각성을 촉구했다. 1967년에는 3·1여성동지회
를 조직했다. 1963년 대통령 표창, 1977년 건국포장, 1990년 건국
훈장 애국장 수훈.

황학수
1877~1953

독립운동가. 충청북도 제천 출신으로 1898년 대한제국 무관학교를 졸업했다. 1907년
군대가 해산되자 고향으로 내려가 동명학교(東明學校)를 세웠다. 1919년 3·1혁명에
참가하고 상하이로 건너가 대한민국임시정부 임시의정원 의원 및 군무부 비서국장으
로 선임됐고, 1920년 남만주로 건너가 서로군정서 참모장과 중앙집행위원 및 군사부
장을 맡았으며, 1922년 통군부, 1923년 통의부 군사부장을 맡았다. 1927년 신민부 참
모부 위원장을 역임하고, 1928년 삼부 통합을 주도해 혁신의회에 참여했다. 1930년
에는 한국독립군을 조직하고 1932년 한국독립군 부사령관에 임명됐다. 난징으로 이
동해서는 조선혁명당에 참가하고 다시 민족혁명당 창당에 동참했으며, 1938년 대한
민국임시정부 군사위원, 1939년에 다시 임시의정원 의원이 되는 동시에 조선혁명
당 중앙집행위원을 맡았다. 1941년 시안으로 건너가 의용군을 모집하고, 광복군사
령부가 설치되자 광복군 특별당부 집행위원장으로 항일전을 지휘했다. 이후 충칭에
서 대한민국임시정부 국무위원이 됐으며 생계부장으로 활동하다 해방 후 귀국했다.
1962년 건국훈장 독립장 수훈.

정우회선언
(1926년, 일부)

안으로는 정치적·경제적 처지가 어려운 상태이고 밖으로는 세계적으로 새로운 사조思潮의 영향이 강해 조선의 무산대중無産大衆은 이제 그 나아갈 길로 나아갔다. 조선 민중운동은 실로 역사적 약속 아래에서 전개된 것이다. 그 전개는 급격했다. 그래서 운동이 전개된 지 겨우 6년 만에 우리 운동은 벌써 양적으로 큰 결과를 얻었다. 조선 민중운동은 이미 배회하는 괴물이 아니다. 장렬한 정의의 분투이다. 그러나 불행한 한계도 있지 않은가? ··· 우리는 서로 굳게 단결하지 않으면 안 되는 근본적 임무를 저버리고 어떠한 목표의 차이, 정책의 차이도 없이 서로 유해무익한, 아니 증오해야 할 만한 상잔相殘의 추악한 모습을 보였다. 편협한 분열적 음모만이 능사가 되고, 계급적 운동 전체의 이익을 위한 지도 정신을 수립하지 못했다. 그래서 운동은 그 구렁으로부터 용감히 뛰어나오기 전에는 새로운 진전이 어렵게 되었고 어부의 이익은 늘어나게 되었다.

과거는 교훈이다. 우리는 과거를 그대로 연장해서는 안 됨을 벌써 충분히 배웠다. 현재의 모든 형세가 그것을 증명한다. 조선 전체로 확대된 파벌 분쟁, 경제적 투쟁에만 국한되어 있는 기존의 운동 형태 등은 우리 운동의 현재 과정에서 결정적으로 필요한 운동의 집중·의식화·대중화를 불가능하게 하고 있다. 그뿐 아니라 유력한 모든 단체는 거의 모두 집회 금지 상태에 있으니 구체적 운동은 전 계급적으로는 고사하고 개별 단체적으로도 무력하게 되었다. 한편으로는 민족주의적 정치운동의 경향이 은연중에 또 공공연하게 점점 대두되어 우리 장래 운동에 대해 일대 동기를 제공하고 있다. 이것을 한 문장으로 요약하면 우리 운동은 현재 부진한 상태에 빠져 있고 위태로운 때를 당했다. 그러므로 확고한 정책을 세우지 않으면 안 된다. 그것은 실로 우리가 당면한 가장 중요한 임무이다. 이 같은 때를 맞아 정우회正友會 집행위원회는 다음과 같은 운동방침을 세웠다. 우리는 이것이 다만 정우회의 운동뿐 아니라 널리 모든 조선의 운동에서도 중대한 의의를 가짐을 확신한다.

1. 우리 운동을 우선 과거의 분열로부터 구하지 않으면 안 된다. ··· 과거의 무의미한 분열 정신은 그 마지막 잔재까지 완전히 매장해버려야 할 것이다. 그러므로 우리는 우선 사상단체의 통일부터 주장한다. 병립해 있는 다른 사상단체들이 성의로써만 대응해준다면 정우회는 어떠한 양보를 해서라도 통합에 주저하지 않을 것이다. ···

근우회 선언문

(1927년)

선언

역사가 있는 후부터 지금까지 인류 사회에는 다종다양의 모순과 대립의 관계가 성립되었다. 유동무상流動無常하는 인간관계는 각 시대에 따라서 혹은 이 부류에 유리하게 혹은 저 부류에 불리하게 되었다니 불리한 처지에 서게 된 민중은 그 시대 시대의 사회적 설움을 한껏 받았다. 우리 여성은 각 시대를 통하여 가장 불리한 지위에 서 있어왔다.

사회의 모순은 현대에 이르러 대규모화하였으며 절정에 달하였다. 사람과 사람의 사이에는 인정과 의리의 정열은 최후 찌꺼기도 남지 아니하고 물질적 이욕이 전 인류를 모두 상벌相伐의 수라장에 들어가게 하였다. 전쟁의 화는 갈수록 참담하여가며 확대하여가고 빈궁과 죄악은 극도에 달하였다. 이 시대의 여성의 지위는 비록 부분적 향상이 있었다 할지라도 그것은 환상의 일면에 불과하다. 조선에 있어서는 여성의 지위가 일층 저열하다. 미처 청산되지 못한 구시대의 유물이 오히려 유력하게 남아 있는 그 위에 현대적 고통이 겹겹이 가하여졌다.

그런데 조선 여성을 불리하게 하는 각종 불합리는 그 본질에 있어 조선 사회 전체를 괴롭게 하는 그것과 연결된 것이며 한 걸음을 나아가서는 전 세계의 불합리에 의존, 합류된 것이니 모든 문제는 이제 서로 관련되어 따로따로 성취될 수 없게 되었다. 억울한 인류가 다 한가지 새 생활을 개척하기 위하여 분투하지 아니하면 아니 되게 되었으며 또 역사는 그 분투의 필연적 승리를 약속하여주고 있다.

조선 여성운동의 진정한 의의는 오직 이 같은 역사적 사회적 배경의 이해에 의하여서만 비로소 파악될 수 있는 것이니 우리의 역할은 결코 편협하게 국한될 것이 아니다. 우리가 우리 자신의 해방을 위하여 분투하는 것은 동시에 조선 사회 전체를 위하여 나아가서는 세계 인류 전체를 위하여 분투하게 되는 행동이 되지 아니하면 아니 된다. …

그러나 일반만을 고조하여 특수를 망각하여서는 아니 된다. 고로 우리는 조선 여성운동을 전개함에 있어서 조선 여성의 모든 특수성을 고려하여 여성 따로의 전체적 기관을 가지게 되었나니 이 같은 조직으로써만 능히 현재의 조선 여성을 유력하게 지도할 수 있는 것을 간파하였기 때문이다.

조선 여성운동은 세계 사정 및 조선 사정에 의하여 또 조선 여성의 성숙 정도에 의하여 바야흐로 한 중대한 계급으로 전진하였다. 부분적으로 분산되어 있던 운동이 전선적全線的 협동전선으로 조직된다. 여성의 각층에 공동되는 당면의 운동 목표가 발견되고 운동방침이 결정된다. 그리하여 운동은 비로소 있게 되었다. 이 계급에 있어서 모든 분열 정신을 극복하고 우리의 협동전선으로 하여금 더욱더욱 공고하게 하는 것이 조선 여성의 의무이다.

조선 여성에게 얽혀져 있는 각종의 불합리는 그것을 일반적으로 요약하면 봉건적 유물과 현대적 모순이니 이 양 시대적 불합리에 대하여 투쟁함에 있어서 조선 여성의 사이에는 큰 불일치가 있을 리가 없다. 오직 반동층에 속한 여성만이 이 투쟁에 있어서 회피 낙오할 것이다.

근우회는 이러한 견지에서 사업을 전개하려 하는 것을 선언하나니 우리의 앞길이 여하히 험악할지라도 우리는 1천만 자매의 힘으로써 우리의 역사적 임무를 이행하려 한다.

여성은 벌써 약자가 아니다.

여성 스스로 해방하는 날 세계가 해방될 것이다.

조선 자매들아 단결하자.

행동 강령

1. 여성에 대한 사회적·법률적 일체 차별 철폐
2. 일체 봉건적인 인습 및 미신 타파
3. 조혼 방지 및 결혼의 자유
4. 인신매매 및 공창公娼 폐지
5. 농촌 부인의 경제적 이익 옹호
6. 부인 노동의 임금 차별 철폐 및 산전 산후 임금 지불
7. 여성 및 소년공의 위험 노동 및 야업夜業 금지

근우회 강령

1. 조선 여자의 공고한 단결을 도모함
2. 조선 여자의 지위 향상을 도모함

12월 테제

(1928년, 일부)

조선 문제에 대한 코민테른 집행위원회의 결의(조선 농민 및 노동자의 임무에 관한 결의)

조선의 혁명적 노동자·농민에게

〈서언〉

친애하는 동지들!

조선혁명운동은 심각한 위기에 봉착해 있다. 일본 제국주의자들의 탄압이 조선혁명운동에 퍼부어지고 있다. 노동계급의 전위인 공산당은 심한 산고産苦를 겪으면서 탄생하고 있다. 심한 산고는 객관적 조건(공업의 미약한 발달과 그에 따른 노동계급과 노동 청년의 미성숙, 노동계급의 연대 부족 및 미약한 조직화), 그리고 일본 제국주의의 탄압에 의해서뿐 아니라 조선 공산주의 운동을 여러 해 동안 지연시켜온 비관적인 내부 파쟁과 갈등에 의해서도 초래되었다. 조선 프롤레타리아트의 공산주의 전위대의 탄생은 심한 산고를 겪고 있고, 적대계급[부르주아계급]은 광폭한 백색테러를 통해서뿐 아니라 내부파쟁을 조장함으로써도 운동을 붕괴시키려 애쓰고 있다.

일본 제국주의는 조선에 대한 탄압을 강화하고 있다. 최근 몇 달간에 벌어진 일련의 사건들이 증명하듯이, 조선의 노동자·농민들은 궐기하기 시작했다. 그러나 내부 파쟁으로 분열된 공산주의 운동은, 개별 혁명가와 노동 대중 간에 긴밀한 제휴가 이루어지지 않는 한, 그리고 당이 민족혁명운동에 그 조직 역량을 발휘하지 않는 한, 혁명투쟁의 선도자·조직자·지도자가 될 수 없다.···

조선을 포함한 대다수 식민지에서의 민족해방운동은 반제반봉건운동일 뿐만 아니라, 제국주의자·봉건지주(봉건제도) 및 민족 부르주아지에 대한 프롤레타리아트의 계급투쟁과 밀접히 연결되어 있기도 하다. 식민 제국의 프롤레타리아트는 광범한 농민대중과의 동맹하에, 혁명에 있어서 헤게모니를 장악해야 하는 독립적인 정치적 요소로서의 정치투쟁에 돌입해야 한다. 조선 공산주의자가 토지문제와 민족혁명을 조직적으로 결합하지 못할 경우, 조선 프롤레타리아트는 민족혁명운동의 리더십을 획득할 수 없을 것이다. 조선 부르주아지는 대토지 소유와 밀접한 관계에 있기 때문에 그 토지소유권에의 의존이라는 점에서 보면, 그들은 급진적인 토지 프로그램에 관심이 없고, 농민에 대한 리더십을 얻기가 매우 힘들다는 것을 알게 될 것이다(이 점에서, 보다 큰 위험은 그 대리자인 민족개량주의(민족주의) 소부르주아지에게 있다).···

현 발전 단계에서 조선 공산주의 운동의 주요 방침은, 프롤레타리아 혁명운동을 강화하여 소부르주아지의 민족혁명운동에 대해서는 그 완전한 독립을 보장하는 한편, 민족혁명운동에 계급성을 부여하고 그것을 타협적인 민족개량주의로부터 분리시킴으로써 민족혁명운동을 강화하는 것이다(즉, 부르주아 민주주의 운동으로부터 이러한 운동의 동요를 지속적으로, 그리고 무자비하게 폭로해야만 한다).…

　조선의 현 상황과 현존 계급 관계는 조선 공산주의자들의 정치적·조직적 과제를 결정한다. 다년간의 파쟁은 그들의 발전을 지연시키지 않을 수 없었으며, 이제 쉽지 않은 과제를 제기하고 있다. 이들 과업 중 첫 번째는, 순수한 공산주의 개념과 진실한 마르크스·레닌주의 사고 형태하에 행동하는 건전한 공산주의 관점을 가진 공산주의 세포의 의식적이고도 지속적인 형성이다. 이제는 지금까지 우리가 빈번히 사용해왔던 피상적인 유사과학적 어구들을 폐기해야 하며, 운동의 전술로부터 제기되는 모든 문제들에 대한 철저한 토론이 필요하다.

　과거 조선공산당은 거의 전적으로 지식인과 학생 들로 구성되어 있었다. 그러한 기초 위에 수립된 공산당은 지속적으로 볼셰비키적인 당도, 조직적으로 건강한 당도 될 수 없다. 그러므로 조선공산당의 첫 번째 과제는 그 자신의 대열을 강화하는 것이다. 사회주의적 소부르주아 지식인으로 당을 구성한 점과 노동자와의 연대가 부족했던 점은 이제까지 조선공산당이 가지고 있는 영구적인 위기의 주원인이었다.

　조선 공산주의자들은 공장노동자와 경작을 포기할 수 없는 빈농을 당으로 끌어들이는 데 최선을 다해야 한다. 공산주의자들은 지식인 서클의 조직이라는 옛 방법을 과감하게 청산하고, 특히 공장과 노동조합에서 볼셰비키 대중 작업에 착수할 경우에만 이 거대한 과업을 완수할 수 있을 것이다. 보다 집중적인 작업들은 노동자·농민조직 내에서, 그리고 신구新舊의 민족혁명 대중조직들―신간회·형평사·천도교 등―속에서 이루어져야 하며, 그중 몇몇은 反종교단체들이다. 이들 단체 내의 투사들을 획득하기 위해 분투하면서, 공산주의자는 민족개량주의자나 여타 기회주의적 지도자들의 냉담성과 우유부단성을 폭로해야만 한다. 공산주의자들은 조직 작업에서 세포의 기계적 조직 등과 같은 기계적 방법을 피해야 한다.…

동지들, 노동자·농민 여러분!
　이것이 코민테른이 제공하는 상황 분석이며, 그로부터 말미암은 혁명적 노동자·농민들을 위한 과업이다. 코민테른 집행위원회는 조선 공산주의자들이 위 결의의 지시를 이행하고―커다란 희생을 요구하는 심각한 투쟁에서―강철 같은 조직, 공산당을 조직할 것을 진심으로 기대한다. 코민테른 집행위원회는 이 투쟁에서 여러분을 지원할 것이다. 공산당의 복구·강화 없이는 일본 제국주의의 속박으로부터 조선을 해방하기 위한, 그리고 토지혁명을 수행하기 위한 지속적이고도 결정적인 싸움은 불가능하다.

한국독립운동사편찬위원회, 《한국독립운동의 역사》(전60권), 2007.
친일인명사전편찬위원회, 《친일인명사전》(전3권), 민족문제연구소, 2009.

이이화, 《이이화의 한국사이야기》(19~22권), 한길사, 2003.
조정래, 《아리랑》(1~10권), 해냄, 2014.
강준만, 《한국 근대사 산책》(6~10권), 인물과사상사, 2008.
주진오, 박찬승 외, 《고등학교 한국사》, 천재교육, 2014.
도면회, 이건홍 외, 《고등학교 한국사》, 비상교육, 2014.
한철호, 김시승 외, 《고등학교 한국사》, 미래앤, 2014.
주진오, 신영범 외, 《고등학교 한국근현대사》, 중앙교육진흥연구소, 2011.
전국역사교사모임, 《살아있는 한국사 교과서 2》, 휴머니스트, 2012.
김육훈, 《살아있는 한국 근현대사 교과서》, 휴머니스트, 2007.
전국역사교사모임, 《살아있는 세계사 교과서 2》, 휴머니스트, 2005.
류시현 외, 《미래를 여는 한국의 역사 5》, 웅진지식하우스, 2011.
박은봉, 《사진과 그림으로 보는 한국사 편지 5》, 웅진주니어, 2003.
박찬승, 《한국 근현대사를 읽는다》, 경인문화사, 2014.
교과서포럼, 《대안교과서 한국근·현대사》, 기파랑, 2008.
역사교육연대회의, 《뉴라이트 위험한 교과서 바로 읽기》, 서해문집, 2009.
이규헌, 《사진으로 보는 독립운동》(상, 하), 서문당, 2000.
신기수 엮음, 《한일병합사 1875-1945》, 눈빛, 2009.
염복규 외, 《아! 그렇구나 우리 역사 13》, 여유당, 2011.
한국근대현대사학회, 《한국독립운동사강의》, 한울아카데미, 2007.
박찬승, 《한국독립운동사》, 역사비평사, 2014.
최익현 외, 《원문 사료로 읽는 한국 근대사》, (이주명 편역), 필맥, 2014.
박은식, 《한국통사》, (김태웅 역해), 아카넷, 2012.
박은식, 《한국독립운동지혈사》, (김도형 역), 소명출판, 2009.
강만길, 《한국사회주의운동 인명사전》, 창비, 1996.
임경석, 《한국 사회주의의 기원》, 역사비평사, 2003.
장영숙, 《고종 44년의 비원》, 너머북스, 2010.
오영섭, 《고종황제와 한말의병》, 선인, 2007.
임종국, 《실록 친일파》, 돌베개, 1991.
정운현, 《친일파는 살아있다》, 책보세, 2011.
한홍구, 《대한민국사 2》, 한겨레신문사, 2003.
고석규 외, 《역사 속의 역사읽기 3》, 풀빛, 1997.
이호룡, 《한국의 아나키즘》, 지식산업사, 2015.

김삼웅, 《서대문형무소 근현대사》, 나남, 2000.

정혜경, 《징용 공출 강제연행 강제동원》, 선인, 2013.

김동진, 《1923 경성을 뒤흔든 사람들》, 서해문집, 2016.

님 웨일즈 외, 《아리랑》, (송영인 역), 동녘, 2005.

조한성, 《한국의 레지스탕스》, 생각정원, 2013.

이재갑, 《한국사 100년의 기억을 찾아 일본을 걷다》, 살림출판사, 2011.

김육훈, 《민주공화국 대한민국의 탄생》, 휴머니스트, 2012.

한일공통역사교재 제작팀, 《한국과 일본 그 사이의 역사》, 휴머니스트, 2012.

유용태 외, 《함께 읽는 동아시아 근현대사 1》, 창비, 2010.

염인호, 《조선의용군의 독립운동》, 나남, 2001.

김성호, 《1930년대 연변 민생단사건 연구》, 백산자료원, 1999.

박청산, 《연변항일유적》, 연변인민출판사, 2013.

전광하 박용일 편저, 《세월속의 용정》, 연변인민출판사, 2002.

황민호, 《일제하 만주지역 한인사회의 동향과 민족운동》, 신서원, 2005.

김효순, 《간도특설대》, 서해문집, 2014.

한일관계사연구논집 편찬위원회, 《일제 식민지지배의 구조와 성격》, 경인문화사, 2005.

한일관계사연구논집 편찬위원회, 《일제 식민지배와 강제동원》, 경인문화사, 2010.

신용하, 《일제 식민지정책과 식민지근대화론 비판》, 문학과지성사, 2006.

전상숙, 《조선총독정치 연구》, 지식산업사, 2012.

나가타 아키후미, 《일본의 조선통치와 국제관계》, (박환무 역), 일조각, 2008.

수요역사연구회, 《식민지 동화정책과 협력 그리고 인식》, 두리미디어, 2007.

임종국, 《친일문학론》, 민족문제연구소, 2013.

엄만수, 《항일문학의 재조명》, 홍익재, 2001.

연변대학교 조선문학연구소, 《항일가요 및 기타》, 보고사, 2007.

김희영, 《이야기 일본사》, 청아출판사, 2003.

앤드루 고든, 《현대일본의 역사2》, (문현숙 외 역), 이산, 2015.

나리타 류이치, 《다이쇼 데모크라시》, (이규수 역), 어문학사, 2012.

가토 요코, 《만주사변에서 중일전쟁으로》, (김영숙 역) 어문학사, 2012.

요시다 유타카, 《아시아 태평양전쟁》, (최혜주 역), 어문학사, 2012.

박경희, 《일본사》, 일빛, 1998.

야마다 아키라, 《일본, 군비확장의 역사》, (윤현명 역), 어문학사, 2014.

위톈런, 《대본영의 참모들》, (박윤식 역), 나남, 2014.

이규수, 《일본 제국의회 시정방침 연설집》, 선인, 2012.

W. G. Beasley, 《일본제국주의 1894-1945》, (정영진 역), 한국외국어대학교출판부, 2013.

야마무로 신이치, 《키메라 만주국의 초상》, (윤대석 역), 소명출판, 2009.

김창권, 《일본 관동군 731부대를 고발한다》, 나눔사, 2014.

이시와라 간지, 《세계최종전쟁론》, (선정우 역), 길찾기, 2015.

김희영, 《이야기 중국사 3》, 청아출판사, 1986.

조관희, 《조관희 교수의 중국현대사 강의》, 궁리출판, 2013.

김명호, 《중국인 이야기》(1~4권), 한길사, 2012.

헬무트 알트리히터, 《소련소사》, (최대희 역), 창비, 1997.

박노자, 《러시아 혁명사 강의》, 나무연필, 2017.

케빈 맥더모트 외, 《코민테른》, (황동하 역), 서해문집, 2009.

폴 콜리어 외, 《제2차 세계대전》, (강민수 역), 플래닛미디어, 2008.

김구, 《원본 백범일지》, 서문당, 2001.

김상구, 《김구 청문회》(전1~2권), 매직하우스, 2014.

한시준, 《김구》, 역사공간, 2015.

정병준, 《우남 이승만 연구》, 역사비평사, 2005.

김상구, 《다시 분노하라》, 책과나무, 2014.

김삼웅, 《몽양 여운형 평전》, 채륜, 2015.

김삼웅, 《약산 김원봉 평전》, 시대의창, 2008.

안재성, 《박헌영 평전》, 실천문학사, 2009.

이호룡, 《신채호 다시 읽기》, 돌베개, 2013.

김명섭, 《이회영》, 역사공간, 2008.

이준식, 《김규식》, 역사공간, 2014.

김도훈, 《박용만》, 역사공간, 2010.

권기훈, 《김창숙》, 역사공간, 2010.

김영범, 《윤세주》, 역사공간, 2013.

김인식, 《중도의 길을 걸은 신민족주의자》, 역사공간, 2006.

김병기, 《김동삼》, 역사공간, 2012.

신주백, 《이시영》, 역사공간, 2014.

김경일, 《이재유 나의 시대 나의 혁명》, 푸른역사, 2007.

조문기, 《조선혁명군 총사령관 양세봉》, (안병호 역), 나무와숲, 2007.

유순호, 《김일성 평전》(상), 지원인쇄출판, 2017.

로버트 스칼라피노, 이정식, 《한국 공산주의운동사》, (한홍구 역), 돌베개, 2015.

최백순, 《조선공산당 평전》, 서해문집, 2017.

신용하, 《신간회의 민족운동》, 지식산업사, 2017.

박찬승 외, 《조선총독부30년사》(중, 하), 민속원, 2018.

최웅, 김봉중, 《미국의 역사》, 소나무, 1997.

김호준, 《유라시아 고려인, 디아스포라의 아픈 역사 150년》, 주류성, 2013.

조한성, 《해방 후 3년》, 생각정원, 2015.

이영훈, 《반일 종족주의》 미래사, 2019.

김종성, 《반일 종족주의, 무엇이 문제인가》, 위즈덤하우스, 2020.

호사카 유지, 《신친일파》, 봄이아트북스, 2020.

일본역사학연구회, 《태평양전쟁사 1》, (아르고인문사회연구소 외 편역), 채륜, 2017.

제프리 주크스 외, 《제2차세계대전》, (강민수 역), 플래닛미디어, 2008.

이덕일, 《잊혀진 근대, 다시 읽는 해방전사》, 역사의아침, 2013.

와다 하루끼, 《와다 하루끼의 북한 현대사》, (남기정 역), 창비, 2014.

박시백의 일제강점사

35년 4

박시백 글·그림

초판   1쇄 발행일 2019년 5월 27일
개정판 1쇄 발행일 2024년 10월 7일

발행인 | 한상준
편집 | 김민정 · 손지원 · 최정휴 · 김영범
디자인 | 김경희 · 양시호
마케팅 | 이상민 · 주영상
관리 | 양은진

발행처 | 비아북(ViaBook Publisher)
출판등록 | 제313-2007-218호(2007년 11월 2일)
주소 | 서울시 마포구 월드컵북로 6길 97(연남동 567-40) 2층
전화 | 02-334-6123 전자우편 | crm@viabook.kr 홈페이지 | viabook.kr

《35년》편집위원
차경호(대구시지고등학교 역사 교사)
김정현(김해고등학교 역사 교사)
김종민(천안쌍용고등학교 역사 교사)
남동현(대전가오고등학교 역사 교사)
문인식(충남기계공업고등학교 역사 교사)
박건형(대전도시과학고등학교 역사 교사)
박래훈(고흥포두중학교 교장)
오진욱(청주용암중학교 역사 교사)
정윤택(서라벌고등학교 역사 교사)

ⓒ 박시백, 2024
ISBN 979-11-92904-95-5 04910